KB043189

말하기가 10배 빨라지는

독일어회화

말하기가 10배 빨라지는
독일어회화

초판 인쇄일 2019년 5월 10일
초판 발행일 2019년 5월 17일

지은이 Jenjira Seriyothin
옮긴이 권우현
발행인 박정모
등록번호 제9-295호
발행처 도서출판 혜지원
주소 (10881) 경기도 파주시 회동길 445-4(문발동 638) 302호
전화 031) 955-9221~5 팩스 031) 955-9220
홈페이지 www.hyejiwon.co.kr

기획 박혜지
진행 박혜지, 박민혁
디자인 조수안
영업마케팅 황대일, 서지영
ISBN 978-89-8379-991-3
정가 12,000원

이 도서의 국립중앙도서관 출판예정도서목록(CIP)은 서지정보유통지원시스템 홈페이지(http://seoji.nl.go.kr)와
국가자료공동목록시스템(http://www.nl.go.kr/kolisnet)에서 이용하실 수 있습니다.(CIP제어번호: CIP2019016275)

말하기가 10배 빨라지는

10배속 독일어회화

혜지원

이 책의 구성

① 2개의 대주제

이 책은 크게 단어와 회화 파트로 이루어 져 있으며, 독자가 짧은 시간에 독일어를 유창하게 말할 수 있게 도와줄 거예요. 실 생활에서 있을 법한 여러 상황을 이해하기 쉽고 재미있게 구성했어요.

PART 01
몰라서는 안 되는 독일어 단어

PART 02
실용도가 가장 높은 일상 회화

CHAPTER 01
독일어 첫걸음
Den ersten Schritt machen

CHAPTER 02
명사
Das Nomen

② 50개의 소주제

2개의 대주제는 다시 50개의 소주제 로 나누어 담았어요. 일상의 회화에 기 초한 내용을 통해 쉽게 독일어를 배울 수 있을 거예요!

❸ 그림을 통한 학습

모든 내용은 「그림」 + 「문자」의 형태로 기억하는 방식을 사용했어요. 이를 통해 쉽게 학습하고, 즐거운 분위기에서 공부할 수 있도록 하였습니다.

날씨가 매우 추워요. Es ist kalt. (에스 이스트 칼트)	얼어 죽을 것 같아요. Es friert. (에스 프리에르트)	날씨가 후덥지근해요. Es ist schwül. (에스 이스트 슈뷜)
태풍이 발생했어요. Es gibt Sturm. (에스 깁트 슈투름)	우박이 내려요. Es hagelt. (에스 하겔트)	천둥이 떨어져요. Es donnert. (에스 도네르트)
번개가 쳐요. Es blitzt. (에스 블리츠트)	비가 와요. Es regnet. (에스 레그네트)	비가 많이 와요. Es ist regnerisch (에스 이스트 레그네리쉬)

❹ Memo를 통한 추가 힌트

독자가 헷갈리기 쉬운 문법이나 용법은 Memo를 통해 쉽고 정확하게 학습하도록 도움을 줍니다.

Memo

입다 / 벗다를 외우는 비법

입다 / 벗다를 외우는 비결은 바로 접두사에 있어요. 앞에 접두사만 바꿔주면 뜻이 달라지기 때문이에요.

옷을 입다	an|ziehen	(안찌헨)
옷을 갈아입다	um|ziehen	(움찌헨)
옷을 벗다	aus|ziehen	(아우스찌헨)
벨트를 매다	an|schnallen	(안슈날렌)
벨트를 풀다	ab|schnallen	(압슈날렌)

5

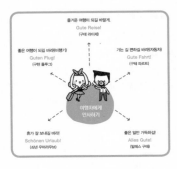

⑤ 여러 가지 표현

한국어와 독일어에는 표현 방식의 차이가
있을 수 있어요. 이 책은 여러 가지의 독
일어 표현을 다루었어요. 보다 다양한 표
현을 배우고 자유자재로 쓸 수 있도록 말
이죠!

⑥ 문장 유형을 통째로 학습

문장 유형을 통해 자주 쓰는 독일어를
배울 거예요. 독일어 문장은 마술과 같
아요. 한 문장 유형에 관련된 단어를 함
께 제대로 배우면 이를 활용해 다양한
독일어 문장을 구사할 수 있을 거예요.

> **🐾 나 대신 안부 전해줘!**
>
> 다른 사람을 통해 내 마음을 전하고 싶을 때는 이런 형태의 문장으로 말해봐요.
>
> **나 대신 ~에게 안부 전해줘**
>
> 나 대신 안부 전하다 + 인사하고 + ~에서 + 나
> Grüße   싶은 사람   von   mir!
> (그뤼쎄)   (폰)   (미어)

⑦ 휴대용 MP3 ▶ **MP3 01-01**

이 책은 언제든지 휴대하며 들을 수 있도
록 MP3 파일을 제공합니다. 반복해
서 들으며 듣기 능력을 기르고 따라 말
하며 말하는 능력을 높여보세요. 정확
한 발음을 듣고 배워서 독일어 실력을
높여봅시다.

▶ **MP3 02-01**

[반]건 대문자로 써야 하는 명사

[반]시 대문자로 쓴 후 소문자로 이어서 써야 한다는 것은 모두
[알아].다. 하지만 독일어는 조금 다릅니다. 첫 글자를 대문자로 써야
[하는] 안에 있는 단어라도 반드시 대문자로 써야 하는 것들이 있습
[니다. 위]치하든 모두 같은 규칙이 적용됩니다. 뿐만 아니라 문장이든

MP3 다운로드 방법

MP3 파일은 혜지원 홈페이지(http://www.hyejiwon.co.kr)에서 다운로드 받으실 수 있습니다.

새로운 언어를 배우는 것은 결코 쉬운 일이 아닙니다. 특히 입문 단계에서 기초를 다지지 않는다면 반복되는 어려움에 공부가 보다 더 힘들어질 것입니다. 〈10배속 회화〉 시리즈는 독자가 한정적인 시간에도 편안하게 언어를 학습하고 빠르게 실력이 향상될 수 있도록 하였습니다. 풍부하고 실용적인 내용에 이해하기 쉽도록 명료하게 정리하였으며, 귀여운 그림을 더하여 언어를 학습하는데 어려움이 없도록 하였습니다. 또 이를 통해 독자의 학습에 흥미를 더했습니다.

『10배속 독일어회화』는 가장 기초적인 자음, 모음의 발음부터 간단한 단어, 더 나아가 문장까지 배우고, 그것들을 발전시켜 우리가 생활 속에서 활용할 수 있는 실용적인 말까지 배울 수 있도록 하였습니다. 이 책은 50개의 챕터로 구성되어 있으며, 각 챕터는 쇼핑, 간병, 길 묻기, 음식 주문하기와 같은 여러 가지 실생활 회화로 구성되어 있습니다. 또 이 책은 귀여운 그림을 활용하여 보다 빠르게 문장을 기억하고 학습할 수 있는 효과를 주었습니다.

『10배속 독일어회화』가 독일어 공부를 시작하는 당신에게 꼭 필요하면서, 배우는 과정에 어려움이 없이 독일어에 흥미를 가지게 되기를 원합니다. 만약 독일어를 이미 배우기 시작했다면, 이 책이 항상 당신 곁에서 큰 도움이 되기를 희망합니다. 당신을 응원합니다!

저자의 말

　독일은 매우 독특한 나라입니다. 두 차례의 세계대전을 거치며 전 세계인들의 적이 되었습니다. 그러나 전쟁이 끝날 때마다 과오를 인정하며 역사를 외면하지 않고, 마주하였습니다. 당시 유럽 전역에서 발생한 경제 침체 사태에서도 유일하게 독일만이 성장을 지속하며 유럽의 기둥이 되었습니다. 독일은 시원한 맥주뿐만 아니라, 맛있는 소시지와 슈바인학센(우리나라의 족발과 비슷)이 있으며, 사람을 홀리게 하는 아름다운 풍경과 풍부한 천연자원까지 보유하고 있습니다.

　독일어를 배우는 일은 매우 가치가 높다고 할 수 있습니다. 업무에, 여행 중에, 그리고 유학 생활에서도 모두 유용하게 사용될 것이기 때문입니다. 뿐만 아니라 독일어를 할 줄 알면 오스트리아나 스위스에 가서도 의사 소통을 할 수 있습니다. 만약 제2외국어를 배울 때 독일어를 선택한다면 분명 매우 가치 있는 판단이 될 것입니다. 독일어는 영어 다음으로 유럽 사람들이 가장 많이 사용하는 언어이기 때문입니다.

　『10배속 독일어회화』는 그림과 문자의 혼합 방식을 채택하여 보다 쉽게 설명하며 귀여운 삽화를 더해 다소 어렵게 느껴질 수 있는 언어학습을 매우 쉽게 느껴지도록 하였습니다. 책에서 나오는 예문들은 그대로 생활에서 사용할 수 있으니 걱정하지 마십시오. 그저 책에 나오는 내용만 차근차근 배워나가면 어느새 독일어로 말하는 게 전혀 어렵지 않게 될 것입니다. 책 곳곳에 그려진 귀여운 삽화가 보다 쉽게 머릿속에 기억되도록 도와줄 것입니다.

Jenjira Seriyothin

목차

PART 01
몰라서는 안 되는 독일어 단어

PART 02
실용도가 높은 일상 회화

PART 01

몰라서는 안 되는
독일어 단어

CHAPTER
01

독일어 첫걸음

Den ersten Schritt machen

"하느님과 대화할 때는 스페인어로, 친구와 대화할 때는 프랑스어로, 연인과 대화할 때는 이태리어로 하라"라는 우스갯소리가 있어요. 사람들이 유럽 국가의 언어를 어떻게 생각하는지 보여주는 좋은 예라고 할 수 있겠죠?

독일어의 몇몇 자음은 발음할 때 목구멍에서부터 소리를 내기 때문에 '딱딱한' 기계 같은 느낌이 들 거예요. 하지만 독일어의 다양한 어투를 들어 보면 사실 독일어는 음악처럼 매우 아름답다는 걸 알 수 있습니다. 표준 독일어 Hochdeutsch의 발음은 매우 또렷하고 듣기 좋아요. 그 외 바바리아 지방에서 많이 쓰는 남부지방 방언은 어투의 높낮이 변화로 노래처럼 들리며 오스트리아와 스위스에 속하는 지방의 독일어도 프랑스어의 톤이 섞여서 다른 언어보다 굉장히 우아하게 들려요!

독일어 배우기

독일어는 영어, 네덜란드어와 같이 게르만어파(Germanic)에 속하는 언어예요. 그래서 독일어 문자도 영어의 알파벳과 매우 비슷하게 생겼습니다.

독일어를 공용어로 사용하는 국가는 독일 본국을 제외하고도 오스트리아, 스위스, 벨기에, 리히텐슈타인, 룩셈부르크가 있으며 이밖에도 프랑스, 폴란드, 덴마크, 체코, 헝가리, 우크라이나, 슬로바키아 등의 나라에서 지방공용어로 독일어를 사용하고 있어요. 독일어를 '모국어로 하는 사람(Native Speaker)'의 수는 유럽에서 가장 많아요. 또 독일어는 유럽 사람들이 가장 많이 사용하는 언어에서 두 번째에 속하며 그 수는 영어에 버금가는 정도입니다.

우선 독일어의 알파벳을 먼저 알아보고, 자음과 모음에 대해서 배울 거예요! 이것들을 배우고 나면 독일어를 알아갈수록 더욱 흥미가 생길 것입니다!

📝 Das deutsche Alphabet 독일어 알파벳

독일어 학습의 첫걸음을 나아가는 단계에서 우리를 한시름 놓게 하는 것이 있어요. 가장 기본적인 알파벳 26개가 영어의 알파벳과 발음은 다르지만 똑같이 생겼기 때문이죠. 생소한 알파벳은 고작 4개뿐이에요. 그 중에서 3개는 모음의 형태 변형으로 알파벳에 따라 발음이 나뉘며 마지막 1개는 s의 변형 형태입니다.

알파벳	발음		단어
A a	**a** (아)		Adler(아들러) Januar(야누아르)
B b	**be** (베)		Bruder(브루더) Bambus(밤부스)
C c	**ce** (체)	ch의 경우 [k(ㅋ)], 또는 [x(ㅎ)]로 발음	Celcius(셀시우스) Chor(코아) Kuchen(쿠흔) Küche(퀴셰)
D d	**de** (데)		Dienstag(딘스탁) oder(오더)
E e	**e** (에)		essen(에센) zuerst(쭈에르스트)
F f	**ef** (에프)		Freund(프로인트) offen(오픈)

알파벳	발음		단어
G g	**ge** (게)	g는 모음 앞에 올 경우 [g(ㄱ)]로 발음하고, 문장의 끝에 위치할 경우 [k(ㅋ)]나 [ç(히)]로 발음	gut(구트) möglich(뫼글리히) König(쾨니히)
H h	**ha** (하)	h는 모음 앞에 올 경우 [h(ㅎ)]로 발음하고, 모음 뒤에 위치할 경우에는 발음하지 않음. 단, 모음일 경우에는 장모음으로 발음함.	Haus(하우스) Mühle(뮐레)
I i	**I** (이)		Igel(이겔) Imbiss(임비스)
J j	**jot** (요트)		Jahr(야 Objekt(오브예크트)
K k	**ka** (카)		Kamel(카멜) Wolke(볼케)
L l	**el** (엘)		Leute(로이테) Land(란트) Hilfe(힐퍼)
M m	**em** (엠)		Mann(만) Ameise(아마이제)
N n	**en** (엔)		nicht(니흐트) Münze(뮌쩨)
O o	**o** (오)		Ostern(오스터른) rot(로호트)

알파벳	발음		단어
P p	**pe** (페)		Polizei(폴리짜이) Apfel(아펠)
Q q	**ku** (쿠)	[kv(크브)] : Qu가 문장의 맨 앞에 위치할 경우 함께 발음 [k(ㅋ)] : 이외의 경우에 해당되는 발음	Quadrat(쿠바드라트) Clique(클리크)
R r	**er** (에흐)		Rücken(뤼켄) raus(라ㅎ우스) Frisur(프리줴어)
S s	**es** (에스)	문장의 맨 앞에 위치할 경우 영어의 [z(즈)]처럼 발음 s 뒤에 모음이 연결되지 않을 경우 [s(ㅅ)]로 발음	summen(주멘) Maus(마우스) schön(쇤)
T t	**te** (테)		Tier(티어) acht(악호크트)
U u	**u**(우)		Universität(우니베르시테트)
V v	**vau** (파우)	영어의 [f]처럼 발음	Vogel(포겔) Volkswagen(폭스바겐) Oval(오발)
W w	**we** (베)	영어의 [v(브)]처럼 발음	Wange(방에) Schwein(슈바인) Wieviel(뷔필)

알파벳		발음		단어
X	x	**iks** (익스)		Xylofon(� �윌로포혼) Hexe(헥세)
Y	y	**üpsilon** (윕실론)	[j]: 문장의 맨 앞에 위치할 경우 (이중 모음)	Yeti(예티)
			[y(이)]: 모음으로 쓰일 때	Physik(피지크)
Z	z	**zet** (쩨트)	우리말의 (쯔)와 (츠)의 중간 정도로 발음	Zeitung(짜이퉁) Flugzeug(플룩쪼이그)

복자음

독일어는 무조건 하나의 자음을 발음하는 게 아니에요. 때때로 여러 개의 자음을 합쳐서 하나의 음으로만 발음하는 경우가 있어요. 그렇기 때문에 복자음의 발음 규칙을 확실하게 기억해야 해요. 절반 이상의 독일어 단어가 이런 복자음을 포함하고 있기 때문이에요.

▶ MP3 01-02

복합자음	발음	단어
ch	**[k]** (ㅋ)	Christ(크리스트) machen(막흔) 외래어인 경우 주로 (ㅋ)로 발음함

복합자음	발음	단어
ch	(ㅎ)	Ich(이히), sprechen(슈프레흔) ch는 a, o, u ,au 뒤에서는 (흐)로 발음하고, 그 외는 (히)로 발음함.
ck	(ㅋ)	dick(디크), Ecke(에케)
sch	(슈)	Schule(슐러), Tisch(티슈)
ph	[f(ㅍ)]	Philosophie(필로소피), Physik(피지크)
pf	(ㅍ)	Pfund(푼트), Apfel(아펠) 두 입술을 다문 채 하는 [f] 발음 단 조금씩 치아 사이로 흘러나오는 [f]의 음
ng	(엥)	lange(랑어), Engel(엥엘)
nk	(ㅇ크)	danke(당커), schenken(쉔켄)
st/sp	(슈ㅌ, 슈ㅍ)	Straße(슈트라쎄), Spaß(슈파쓰)
th	(ㅌ)	Thailand(타이란트), Theorie(테오리) 일반적으로 [t]의 음으로 발음해도 무방함. 영어의 th 음처럼 혀를 말아줄 필요는 없음

📝 Der deutsche Vokal 모음

독일어의 모음은 세 가지로 나눌 수 있습니다.

1. 하나의 글자로 이뤄진 모음 : 영어와 같이 5개로 이뤄짐. a, e, i, o, u

모음	발음	단어
a	(아)	Gabe(가버), Schade(샤더)
e	(에)	Besen(베젠), gegen(게겐)
i	(이)	Maschine(마쉬네), Berlin(베를린)
o	(오)	Ofen(오픈), Boden(보든)
u	(우)	Schule(슐러), gut(구트)

2. 하나의 글자에 Umlaut(움라우트) 부호가 더해진 모음

모든 모음에 Umlaut 부호를 더할 수 있는 건 아니며 a, o, u 이 세 가지 모음에만 추가할 수 있어요. Umlaut가 추가된 이후에는 발음이 변해요.

알파벳	발음	단어	움라우트 (Umlaut 부호 추가)	발음	단어
a	(아)	Land (란트)	ä	(애)	Länder (랜더)
		Bar (바)			Bär (배)

21

알파벳	발음	단어	움라우트 (Umlaut 부호 추가)	발음	단어
o	(오)	schon (숀) Montag (몬탁)	ö	(외) (입모양을 [o] 발음을 내는 듯이 하며, 혀는 [e] 발음을 할 때의 위치)	schön (숀) möglich (뫼글리히)
u	(우)	Buch (부흐) Kunst (쿤스트)	ü	(위) 입모양을 [u] 발음을 내는 듯이 하며, 혀는 [e] 발음을 할 때의 위치	Bücher (뷔혀) über (위버)

3. 이중모음

독일어의 이중모음이란 두 개 이상의 글자가 합쳐진 것을 말해요. 이중모음은 발음을 할 때에도 하나의 모음과는 조금 달라요. 두 개의 모음이 반복됐을 때 그 발음은 하나의 모음보다 더 길게 발음해야 하는 것처럼 말이에요.

a + a = aa(하나의 a의 발음보다 김)	e + e = ee (하나의 e의 발음보다 김)
Saal (잘)	**S**ee(제), **T**ee(테)

읽는 방법이 특수한 모음

서로 다른 두 개의 모음이 합쳐질 경우, 하나의 새로운 모음이 만들어집니다.

모음	발음	단어
au, ao	(아우, 아오)	Maus(마우스), lauschen(라우쉔), Kakao(카카오)
eu, äu	(오이, 오이)	Deutsch(도이치), Häuser(호이저르)
ei, ai	(에이, 아이)	Leider(라이더), Mai(마이)
ie	(이)	Liebe(리버), mieten(미튼)
er	er 발음에 악센트를 줄 때 (에어)	Er(에어), Herr(헤어), gern(게흔)
	er에 악센트를 주지 않을 때	Welcher(밸혀), Wiener(뷔너)

특수 규정

몇몇의 알파벳은 위치한 곳에 따라 발음이 달라지는 경우가 있습니다.

d 맨 앞이나 모음 앞에 위치하는 경우 [d(ㄷ)]로 발음

Dezember(데쩸버)
Anmel**d**ung(안멜둥)

맨 끝이나 뒤에 모음이 오지 않는 경우 [t(ㅌ)]로 발음

Aben**d**(아븐트)
Kin**d**(킨트)

g 맨 앞이나 모음 앞에 위치하는 경우 [g(ㄱ)]로 발음

Geige(가이게)
An**g**ebot(앙게보트)

맨 끝에 위치할 경우(일부 단어) 혹은 뒤에 모음이 오지 않는 경우 [k(ㅋ)]로 발음

vierzi**g**(피어찌히)
lusti**g**(루스티히)

Memo

목구멍을 사용해서 r 발음 연습하기

독일어의 r 발음은 목구멍에서부터 올라오는 「r」 발음입니다. 가래를 뱉는 소리와 비슷해요. 독일 사람처럼 좋은 발음을 내고 싶다면 매일 이를 닦을 때 입을 헹구면서 「r」 발음을 연습해보세요!

CHAPTER 02

명사

Das Nomen

문장을 만들어보기 전에 독일어 명사를 먼저 배웠으면 좋겠어요. 독일어 명사는 모두 세 가지 품사로 나뉜다는 사실을 들어봤을 거예요. 하지만 이밖에도 명사에 대해 알아야 할 것들이 많으니 하나씩 알아보도록 하겠습니다.

(▶) MP3 02-01

📝 첫 글자를 무조건 대문자로 써야 하는 명사

영어에서 첫 글자를 반드시 대문자로 쓴 후 소문자로 이어서 써야 한다는 것은 모두 알고 있는 사실입니다. 하지만 독일어는 조금 다릅니다. 첫 글자를 대문자로 써야 하는 것 이외에도 문장 안에 있는 단어라도 반드시 대문자로 써야 하는 것들이 있습니다. 문장 어느 곳에 위치하든 모두 같은 규칙이 적용됩니다. 뿐만 아니라 문장이든 혼자 쓰이는 단어든 모두 규칙을 적용해야 합니다.

남자	여자	자동차	아이
der Mann	die Frau	der Wagen	das Kind
(데어 만)	(디 프라우)	(데어 바겐)	(다스 킨트)

어떤 남자와 여자 그리고 아이 세 명이 차 안에 있어요.

Es sind ein Mann, eine Frau und drei Kinder in dem Wagen.
(에스 진트 아인 만, 아이네 프라우 운트 드라이 킨더 인 뎀 바겐)

📑 단어의 성질로 분류하는 명사

다른 유럽 국가의 언어와 마찬가지로 독일어에도 세 가지 성질이 있습니다.

남성	중성	여성
Maskulinum	**Neutrum**	**Femininum**
(마스쿨리눔)	(노이트룸)	(페미니눔)

그럼 단어의 성질은 어떻게 구분해야 할까요? 사람을 지칭하거나 여러 역할을 하는 명사는 그 자체에 이미 분명한 성별이 드러나 있습니다. 아버지는 남성, 어머니는 여성, 만약 남자 의사나 여자 의사 같은 직업 등을 예로 들 수 있습니다. 이런 것들은 아무런 문제가 없을 거예요.

하지만 물건이나 장소를 뜻하는 명사 같은 경우에는 분명하게 드러나는 성별이 없기 때문에 외울 수밖에 없습니다.

예 : 자동차를 나타내는 명사는 두 가지며, 모두 다른 성질임.

남성
der Wagen
(데어 바겐)

중성
das Auto
(다스 아우토)

자동차

자동차가 어떤 브랜드의 자동차인지 말하고 싶다면 브랜드의 이름을 그대로 말하면 됩니다. 이 단어들은 모두 남성에 속하는 명사들이에요.

다른 언어의 규칙을 독일어 성질에 적용시키는 것은 복권의 당첨번호를 연구하는 일처럼 시간 낭비에 불과해요. 그러나 너무 괴로워하지는 말아요. 규칙을 따르는 단어도 존재하기 때문입니다.

남성 명사

1. 남성이 포함되는 단어

▶ MP3 02-02

남자/남편	der Mann	(데어 만)
남자 대통령	der Präsident	(데어 프레지덴트)
남자 선생님	der Lehrer	(데어 레허)
남자 의사	der Arzt	(데어 아흐쯔트)

2. –er로 끝나는 명사는 대부분 남성

| 목수 | der Tischler | (데어 티쉴러) |
| 노동자 | der Arbeiter | (아바이터) |

* 확실하게 여성임이 드러나는 명사를 제외함

예 : 어머니 die Mutter (디 무터)

　　 딸 die Tochter (디 토크터)

3. 아래와 같은 외래어는 이렇게 표기해요.

ent
대통령
der Präsident
(데어 프레지덴트)

ist
관광객
der Tourist
(데어 투어리스트)

ot
파일럿
der Pilot
(데어 필로트)

ant
코끼리
der Elefant
(데어 엘레판트)

oge
생물학자
der Biologe
(데어 비올로거)

4. 요일

월요일	der Montag	(데어 몬탁)
화요일	der Dienstag	(데어 딘스탁)
수요일	der Mittwoch	(데어 미트보크)
목요일	der Donnerstag	(데어 도너스탁)
금요일	der Freitag	(데어 프라이탁)
토요일	der Samstag	(데어 잠스탁)
일요일	der Sonntag	(데어 존탁)

5. 계절

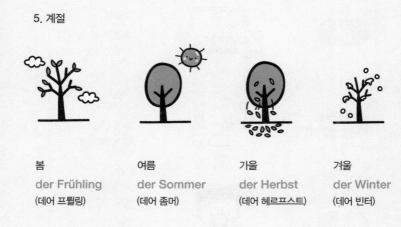

봄	여름	가을	겨울
der Frühling	der Sommer	der Herbst	der Winter
(데어 프륄링)	(데어 좀머)	(데어 헤르프스트)	(데어 빈터)

6. 방향

북쪽
der Norden
(데어 노르덴)

서쪽
der Westen
(데어 베스텐)

동쪽
der Osten
(데어 오스텐)

남쪽
der Süden
(데어 쥐덴)

- -

7. 카페인과 알콜이 함유된 음료

커피
der Kaffee
(데어 카페)

차
der Tee
(데어 테)

* 맥주는 제외   das Bier(다스 비어)

중성 명사

1. —chen이나 —lein으로 끝나는 단어는 '작고, 적은'이라는 의미를 포함.

아가씨
das Fräulein
(다스 프로일라인)

여자아이
das Mädchen
(다스 맷헨)

토끼
das Kaninchen
(다스 카닌헨)

- -

2. 동사원형(Infinitiv 인피니티브)이 명사로 쓰였을 경우

먹음
das Essen
(다스 에센)

씀
das Schreiben
(다스 슈라이벤)

- -

3. 색깔

파란색	빨간색
das Blau	das Rot
(다스 블라우)	(다스 호트)

4. 대부분의 동물이나 사람의 유아기

아기	das Baby	(다스 베이비)
병아리	das Küken	(다스 퀴켄)
어린 남자아이	der Junge	(데어 융어)

5. –o로 끝나는 대부분의 명사

라디오	das Radio	(다스 하디오)
사무실	das Büro	(다스 뷔로)

6. Ge–로 시작하는 대부분의 명사

설비	das Gerät	(다스 게레트)
도자기 그릇	das Geschirr	(다스 게쉬르)
법률	das Gesetz	(다스 게제츠트)
대화	das Gespräch	(다스 게슈프레히트)

7. –tum이나 –um으로 끝나는 대부분의 명사

기독교	das Christentum	(다스 크리스텐툼)
군주제	das Königtum	(다스 쾨니히툼)

8. –ma로 끝나는 외래어 명사

주제	das Thema	(다스 테마)

여성 명사

1. 여성에 포함되는 사람

여자/부인	die Frau	(디 프라우)
여교사	die Lehrerin	(디 레허힌)
여의사	die Ärztin	(디 에르쯔딘)

2. 숫자

1	die Eins	(디 아인스)
4	die Vier	(디 피어)
20	die Zwanzig	(디 쯔반찌히)
100	die Einhundert	(디 아인훈데르트)

3. 아래의 형태로 끝나는 명사

ung	:	신문지	die Zeitung	(디 짜이퉁)
		행동	die Handlung	(디 한틀룽)
schaft	:	학문/과학	die Wissenschaft	(디 비쎈샤프트)
		소식/보고	die Botschaft	(디 보츠샤프트)
heit	:	자유	die Freiheit	(디 프라이하이트)
		아름다움	die Schönheit	(디 슌하이트)

keit	:	즐거움	die Heiterkeit	(디 하이터카이트)
		가능성	die Möglichkeit	(디 뫼글리히카이트)
tät	:	국적	die Nationalität	(디 나치오날리테트)
		대학교	die Universität	(디 우니베르시테트)
ie	:	선율	die Melodie	(디 멜로디)
		알레르기	die Allergie	(디 알러기)
ik	:	평론	die Kritik	(디 크리티크)
		음악	die Musik	(디 무지크)
		물리	die Physik	(디 피지크)
ei	:	어업	die Fischerei	(디 피셔라이)
		회화	die Malerei	(디 말러라이)
ur	:	자연	die Natur	(디 나투어)
		문화	die Kultur	(디 쿨투어)
ion	:	국가	die Nation	(디 나치온)
		정보	die Infomation	(디 인포마치온)

명사의 성질들

명사의 성질을 나누는 규칙에는 어떤 것들이 있는지 다시 한번 복습해볼게요.

남성명사	중성명사	여성명사
• 남성에 속하는 사람 • 요일 / 계절 / 방향 • –er로 끝나는 대부분의 명사 • 카페인이나 알콜이 함유된 음료(맥주는 중성명사) • 자동차 브랜드 • 아래의 형태로 끝나는 단어 ent, ist, ot, ant, oge	• 동명사 • 여러 가지 색깔 • 대부분 사람이나 동물의 유아기 • –chen, –lein로 끝나는 명사 • –o, –um, –tum로 끝나는 대부분 • Ge–로 시작하는 대부분의 명사 • –ma로 끝나는 외래어 명사	• 성에 속하는 사람 • 숫자 • 아래의 형태로 끝나는 말 ung, schaft, heit, keit, tät, ie, ik, ei, ur, ion

📝 명사의 역할

명사는 세 가지 성질로 나뉘는 것 이외에도 문장 내에서 서로 다른 역할로 쓰이는 경우
가 있기 때문에 반드시 알고 구분할 줄 알아야 합니다. 역할이 서로 다른 명사는 단어를
사용하는 데도 관련이 있기 때문에 뒤에서 다시 소개하겠습니다.

Nominativ(노미나티브) 주격
주어의 역할을 하는 명사를 뜻함.

그 남자	＋	먹다	＋	빵을
Der Mann		isst		das Brot.
(데어 만)		(이스트)		(다스 브호트)

아이들은	＋	먹다	＋	빵을
Die Kinder		essen		das Brot.
(디 킨더)		(에센)		(다스 브호트)

아래처럼 상태를 나타내는 동사의 뒤에 오는 경우도 있습니다.

~는	sein	(자인)
바뀌다	werden	(베르덴)
머물다	bleiben	(블라이벤)

그것	+	은	+	내 아버지예요.
Das		ist		mein Vater.
(다스)		(이스트)		(마인 파터)

이것	+	바뀔 수 있어요	+	아름다운 집으로
Das		wird		ein schönes Haus.
(다스)		(비어트)		(아인 슌네스 하우스)

그는	+	여전히	+	나의 친구예요.
Er		bleibt		mein Freund.
(에어)		(블라입트)		(마인 프로인트)

Akkusativ(아쿠자티브) 목적격

▶ MP3 02-06

문장에서 직접 목적어로 쓰이는 명사를 뜻함.

그녀는	+	샀어요	+	강아지 한 마리를
Sie		kauft		einen Hund.
(지)		(카우프트)		(아이넨 훈트)

나는	+	가지고 있어요	+	사과 한 개를
Ich		habe		einen Apfel.
(이히)		(하베)		(아이넨 압플)

그는	+	썼어요	+	이 편지를
Er		schreibt		den Brief.
(에어)		(슈라입트)		(덴 브리프)

뒤에 목적격이 필요한 전치사

~를 위해	für	(퓌어)
주위를 돌아	um	(움)
~를 지나	durch	(두리히)
~없이	ohne	(오너)
~향하여	gegen	(게겐)

그는	+	걸어서	+	지나갔어요	+	이 공원을
Er		geht		durch		den Park.
(에어)		(게트)		(두리히)		(덴 파르크)

기차가	+	달리다가	+	충돌했어요	+	나무와
Der Zug		fährt		gegen		einen Baum.
(데어 쭈그)		(페르트)		(게겐)		(아이넴 바움)

Dativ(다티브) 여격(3격)

문장에서 직접 목적어와 관련된 명사를 뜻함.

▶ MP3 02-07

나는 이 스웨터를 그 남자에게 줄 거예요.

나는	+	주다	+	그 남자에게(여격)	+	이 스웨터를(목적격)
Ich		gebe		dem Mann		einen Pullover.
(이히)		(게베)		(뎀 만)		(아이넨 풀오버)

그는 나에게 책을 선물할 거예요.

그는	+	선물하다	+	나에게(여격)	+	이 책을(목적격)
Er		schenkt		mir		das Buch.
(에어)		(쉔크트)		(미어)		(다스 부흐)

뒤에 여격(3격)이 필요한 전치사

~로부터	aus	(아우스)	~에서, ~으로부터	von	(폰)
~곁에	bei	(바이)	~이래	seit	(자이트)
~와	mit	(미트)	~에서	zu	(쭈)
~쪽으로, 향해	nach	(낙흐)	맞은편에	gegenüber	(게겐위버)

당신은 나에게서 무엇을 얻고 싶어요?

무엇을	+	싶어하다	+	당신	+	~로부터	+	나
Was		wollen		Sie		von		mir?
(바스)		(블렌)		(지)		(폰)		(미어)

나는 금요일에 이모를 뵈러 갈 거예요.

금요일	+	가다	+	나	+	~에	+	이모
Am Freitag		fahre		ich		zu		meiner Tante.
(암 프라이탁)		(파헤)		(이히)		(쭈)		(마이너 탄트)

Genitiv(게니티브) 소유격

누구의 소유인지 나타내는 명사를 뜻함.

웃음소리   **+**   아이의
das Lachen   des Kindes
(다스 라켄)   (데스 킨데스)

손목시계   **+**   내 부인의
die Uhr   meiner Frau
(디 우어)   (마이너 프라우)

주인   **+**   반지
der Herr   der Ringe
(데어 헤어)   (데어 링어)

뒤에 소유격이 필요한 전치사

~때문에	wegen	(베겐)
~하는 동안에	während	(베렌트)
~대신에	statt	(슈타트)
~로 인해	aufgrund	(아우프그룬트)
~에도 불구하고	trotz	(트로츠)

~하는 동안에	+	수업시간에	+	말을 해서는 안 된다.
Während		des Unterrichts		soll man nicht reden.
(베렌트)		(데스 운터리하츠)		(졸 만 니히트 레덴)

~에도 불구하고	+	아프다	+	회사에 가야 한다.
Trotz		der Krankheit		kommt sie zur Arbeit.
(트로츠)		(데어 크랑크하이트)		(콤트 지 쭈어 아바이트)

📖 Der Artikel 관사

『10배속 독일어회화』는 단어와 회화 위주의 내용을 담고 있지만 문법 역시 매우 중요하며, 단어를 기억하는 데 도움을 주기 때문에 특별히 관사에 대해 설명하겠습니다. 관사는 마치 우리의 '유능한 조수'처럼 단어의 성질을 말해주고, 복수인지 단수인지 알려주며, 어떤 격으로 사용됐는지 말해줍니다. 이 세 가지를 모를 경우에는 우리는 정확하게 문장을 만들 수 없을 것입니다. 독일어의 관사는 두 가지로 나눌 수 있습니다.

정관사
Bestimmte Artikel
(베슈팀테 아티클)

부정관사
Unbestimmte Artikel
(운베슈팀테 아티클)

이 두 관사는 다시 각각 남성, 중성, 여성으로, 단수와 복수로, 그리고 여러 가지 격의 변화로 나눌 수 있습니다.
독자들의 이해를 돕기 위해 아래의 문장을 통해 영어와 비교를 해보았어요.

그 남자는 의사예요.　　　　　　　남자 = 문장의 주격

영문　　　　　　　　　　　　The man is a doctor.
독일어문　　　　　　　　　　**Der** Mann ist Arzt.

우리는 병원에서 그 남자를 봤어요.　남자 = 문장의 목적격

영문　　　　　　　　　　　　We met the man in the hospital.
독일어문　　　　　　　　　　Wir treffen **den** Mann im Krankenhaus.

예문을 보면 영어 문장의 경우 명사의 위치에 관계없이 관사는 모두 the가 사용된 것을 발견할 수 있습니다. 하지만 독일어 문장은 명사가 주격에서 목적격으로 바뀌었을 때 관사가 der에서 den으로 바뀌어야 한다는 것을 알 수 있어요.

독일어의 관사는 왜 매번 다른지 이제 이해가 됐나요? 이번에는 독일어 관사에는 어떤 것들이 있는지 알아보도록 할게요.

Bestimmte Artikel(베슈팀테 아티클) 정관사

독일어의 정관사는 영어의 the와 같은 역할을 합니다. 하지만 성질이나 위치, 단수인지 복수인지에 따라서 바뀔 수 있습니다.

명사의 위치	남성	중성	여성	단수, 복수
주격 Nominativ(노미나티브)	der (데어)	das (다스)	die (디)	die (디)
목적격 Akkusativ(아쿠자티브)	den (덴)	das (다스)	die (디)	die (디)
여격(3격) Dativ(다티브)	dem (뎀)	dem (뎀)	der (데어)	den (덴)
소유격 Genitiv(게니티브)	des (데스)	des (데스)	der (데어)	der (데어)

관사가 이렇게 많지만 사실 가장 많이 쓰는 건 첫 번째 줄에 있는 der(데어), die(디), das(다스)입니다.

외우는 비법

관사가 이렇게 많다고 해서 한숨을 쉬고 포기하지 마세요. 관사를 쉽게 외우는 방법은 굉장히 간단해요. 둘둘 짝을 지어서 외우면 되기 때문이죠. 남성과 중성의 관사는 비교적 가까우며, 여성과 복수의 관사는 비교적 가까워요. 간단하게 외우는 방법은 바로 이렇게 외우는 거예요 : 남중, 여복.

그 남자는 의사예요.
Der Mann ist Arzt.
(데어 만 이스트 아흐쯔트)

성질 : 남성
지위 : 주격
관사 : der(데어)

우리는 병원에서 그 남자를 만났어요.
Wir treffen den Mann im Krankenhaus.
(비어 트레펜 텐 만 임 크랑켄하우스)

성질 : 남성
지위 : 목적격
관사 : den(덴)

그 여자는 노래를 매우 잘 불러요.
Die Frau singt sehr schön.
(디 프라우 싱트 제어 쇤)

성질 : 여성
지위 : 주격
관사 : die(디)

우리 엄마는 그 여자를 집으로 초대했어요.
Meine Mutter lädt die Frau zu uns ein.
(마이네 무터 레트 디 프라우 쭈 운스 아인)

그 아이는 아직 유치원에 다녀요.
Das Kind lernt noch im
Kindergarten.
(다스 킨트 레른트 녹흐 임 킨더가르텐)

성질 : 중성
지위 : 주격
관사 : das(다스)

내 아들은 그 아이와 함께 노는 것을 좋아해요.
Mein Sohn spielt gern mit
dem Kind.
(마인 존 슈필트 게흔 미트 뎀 킨트)

성질 : 중성
지위 : 여격(3격)
관사 : dem(뎀)

아이들은 우유를 마셔요.
Die Kinder trinken Milch.
(디 킨더 트링켄 밀히)

성질 : 중성(복수)
지위 : 주격
관사 : die(디)

명사가 복수라면 양성이든 음성이든 관계없이 관사는 항상 복수이기 때문에 das Kinder(다스 킨더)라고 하지 않고 die Kinder(디 킨더)라고 해요.

Unbestimmte Artikel(운베슈팀테 아티클) 부정관사

독일어의 부정관사는 영어의 a나 an과 같이 처음 언급하는 명사에 쓰이며 수량이 한 개일 때 쓰여요. 그렇기 때문에 부정관사는 반드시 복수가 아닌 단수로 구성되어 있어요. 꼭 잊지 말아요!

명사의 지위	남성	중성	여성	복수
주격 Nominativ(노미나티브)	ein (아인)	ein (아인)	eine (아이너)	-
목적격 Akkusativ(아쿠자티브)	einen (아이넨)	ein (아인)	eine (아이너)	-
여격 Dativ(다티브)	einem (아이넴)	einem (아이넴)	einer (아이네어)	-
소유격 Genitiv(게니티브)	eines (아이네스)	eines (아이네스)	einer (아이네어)	-

개 한 마리가 짖고 있어요.
Ein Hund bellt.
(아인 훈트 벨트)

성질 : 남성
지위 : 주격
관사 : ein(아인)

우리는 아이들에게 개를 사주었어요.
**Wir kaufen unserem Kind
einen Hund.**
(비어 카우펜 운저렘 킨트 아이넨 훈트)

성질 : 남성
지위 : 목적격
관사 : einen(아이넨)

저기 자전거 한 대가 있어요.
Dort steht ein Fahrrad.
(도르트 슈테트 아인 파라트)

성질 : 중성
지위 : 주격
관사 : ein(아인)

그는 한 여자를 도와줬어요.
Er hilft einer Frau.
(에어 힐프트 아이네어 프라우)

성질 : 여성
지위 : 여격(3격)
관사 : einer(아이네어)

자동차를 운전하는 건 어려운 일이에요.
**Die Kontrolle eines Autos ist
schwer.**
(디 콘트롤레 아이네스 아우토스 이스트 슈베어)

성질 : 중성
지위 : 소유격
관사 : eines(아이네스)

어머니는 빵 한 조각을 주문했어요.
Die Mutter bestellt ein Brot.
(디 무터 베슈텔트 아인 브호트)

성질 : 중성
지위 : 목적격
관사 : ein(아인)

관사가 명사의 성질, 수량, 지위에 맞게 바뀌는 것처럼 형용사 역시 같습니다. 이 책에서 아직 이야기한 적이 없었기 때문에 조금 더 복잡하다고 느껴질 수 있습니다.

(▶ MP3 02-11)

📝 명사가 복수로 바뀔 때

단수명사를 복수형태로 바꿀 때 명사 위에 몇 가지 글자를 더할 수 있습니다. 규칙은 이렇습니다.

1. n / en을 더함

여성명사는 e, ent, and, ant, ist, or로 끝남

단수	이름 der Name (데어 나므)	복수	이름들 die Namen (디 나믄)
	학생 der Student (데어 슈투덴트)		학생들 die Studenten (디 슈투덴튼)

여성명사는 em in, ion, ik, heit, keit, schaft, tat, ung로 끝남

단수	시간 die Stunde (디 슈툰드)	복수	시간들 die Stunden (디 슈툰든)

단수	여선생님 die Lehrerin (디 레허하힌)	복수	여선생님들 die Lehrerinnen (디 레허하히는)
	아파트 die Wohnung (디 보눙)		아파트들 die Wohnungen (디 보눙엔)

외국어나 라틴어에서 온 명사는 ma, um, us로 끝남

단수	주제 das Thema (다스 테마)	복수	주제들 die Themen (디 테믄)
	자료 das Datum (다스 다툼)		자료들 die Daten (디 다믄)

2. e를 더함

여성명사는 eur, ich, ier, ig, ling, or로 끝남

단수	미용사 der Friseur (데어 프리쥬어)	복수	미용사들 die Friseure (디 프리쥬어허)

단수	나비 der Schmetterling (데어 슈메터링)	복수	나비들 die Schmetterlinge (디 슈메터링어)

일부 단음절 여성 명사들은 e를 추가하고 모음 알파벳 위에 「¨」 부호를 넣어요.

단수	손 die Hand (디 한트)	복수	손들 die Hände (디 헨더)
	벽면 die Wand (디 반트)		벽면들 die Wände (디 벤더)

3. r / er을 더함

일부 단음절 남성이나 중성 명사는 e/er을 추가하고 모음 알파벳 위에 「¨」 부호를 넣어요.

단수	남자 der Mann (데어 만)	복수	남자들 die Männer (디 메너)
	나라 das Land (다스 란트)		나라들 die Länder (디 렌더)

단수	글자 das Wort (다스 보르트)	복수	글자들 die Wörter (디 뵈르터)

4. s를 더함

라틴어나 외국어에서 온 명사들은 대부분 a, i, o, y로 끝나요.

단수	할아버지 der Opa (데어 오파)	복수	할아버지들 die Opas (디 오파스)
	차 das Auto (다스 아우토)		차들 die Autos (디 아우토스)
	취미 das Hobby (다스 호비)		취미들 die Hobbys (디 호비스)

단수와 복수가 같은 형태

일부 명사들은 단수와 복수가 같은 것들도 있어요. 예를 들면 여성명사는 el, en, er로
끝나지만 몇몇 여성명사는 모음 부호 위에 「¨」부호를 더하는 경우예요.

단수	숟가락 der Löffel (데어 뢰플)	복수	숟가락들 die Löffel (디 뢰플)

| 단수 | 새
der Vogel
(데어 포글) | 복수 | 새들
die Vögel
(디 푀글) |

중성명사는 chen, lein로 끝남.

| 단수 | 여자아이
das Mädchen
(다스 멧헨) | 복수 | 여자아이들
die Mädchen
(디 멧헨) |

이것들이 대부분의 단어에 적용되는 규칙의 기본적인 큰 틀이에요. 하지만 여전히 예외인 단어들이 많기 때문에 가장 확실한 방법은 사전을 찾아보고 외우는 거랍니다.

> **Memo**
>
> ### 이 책에서 말하는 단어 암기법
>
> 독일어의 명사에는 세 가지 성질이 있기 때문에 단어를 외울 때 반드시 성질도 함께 외워야 해요. 모든 단어에는 어울리는 정관사가 있기 때문에 정관사를 통해 명사의 성질을 보다 쉽게 외울 수 있어요.
>
> der를 쓰는 단어는 남성명사임 **예** : der Junge(데어 융어)는 남성명사
> das를 쓰는 단어는 중성명사임 **예** : das Kleid(다스 클라이트)는 중성명사
> die를 쓰는 단어는 여성명사임 **예** : die Woche(디 복흐)는 여성명사
>
> 외울 때 위의 문장을 통째로 외우면 단어의 성질을 외우기 편할 거예요.

독일어의 어순
Die Satzstellung

독일어는 문장 내에서 단어가 살아 있다는 특징이 있습니다. 이게 도대체 무슨 말일까요? 바로 영어처럼 주어, 동사, 목적어의 순서를 따를 필요가 없다는 뜻입니다. 분명 대부분의 사람들은 '이상하네? 그럼 혼란스럽지 않을까?'라고 의아해 할 겁니다. 이번 단원에서는 어떻게 배열하는 순서를 자유롭게 바꿀 수 있을지 알아봅니다. 살짝 미리 말해준다면, 이번에 배울 내용은 앞에서 배운 내용과 관련이 있습니다! 만약 기억이 안 난다면 다시 앞으로 가서 복습을 하고 오세요.

▶ MP3 03-01

📝 서술문에서 명사의 위치

우선 제일 기본적인 문장 유형인 서술문부터 시작하겠습니다. 주어와 동사로만 구성된 문장의 경우에는 혼란스러울 일이 없을 겁니다. 왜냐하면 독일어는 강조할 부분을 맨 앞에 두더라도 동사를 바꿔서 두 번째 위치에만 배열하면 되는 규칙이 있기 때문입니다.

그는 괜찮아요.

주어	동사
Es	geht.
(에스)	(게트)
그는	괜찮아요.

위의 문장으로 예를 들면 이 문장은 주어와 동사의 위치를 바꿀 수가 없습니다. 왜냐하면 주어와 동사 두 단어로만 구성되어 있기 때문에 동사를 두 번째 위치에 배열해서 자리를 바꿀 수가 없기 때문입니다.

이번에는 주어-동사-목적어로 구성된 문장을 알아볼게요.

그 남자는 책을 보고 있어요.

주어	동사	목적어
Der Mann	liest	das Buch.
(데어 만)	(리스트)	(다스 부흐)
그 남자는	보고 있어요	책을

우리가 배운 대로 문법을 생각해보면 반드시 '주어-동사-목적어'의 순서로 표현해야 한다고 생각할 거예요. 하지만 독일어 문법에서는 목적어를 문장의 앞에 배열할 수 있습니다. 목적어를 특별히 강조하고 싶다면 말이죠.

목적어	동사	주어
Das Buch	liest	der Mann.
(다스 부흐)	(리스트)	(데어 만)
그 책을	보고 있어요	그 남자는

그런데 이러면 상대방이 들었을 때 '책이 주어라면 책이 사람을 보고 있는 거야?' 라는 생각이 들진 않나요?

앞에서 배운 관사에 대해 아직 기억하고 있나요? 독일어의 관사는 왜 주격, 목적격, 여격(3격), 소유격, 이 네 가지로 나뉘어 있는지에 대해 말이에요.

이 관사를 통해 명사가 직접 동작을 하는 것을 의미하는 주격인지 종속관계를 나타내는 소유격인지를 알 수 있어요.

> Der **Mann** liest das **Buch.**
> Das **Buch** liest der **Mann.**

der = 주격인 남성명사의 관사(남성목적격인 경우 den을 사용)
das = 목적격인 중성명사의 관사

이 문장을 우리말로 번역해보면 '그 남자가 보고 있는 책은 그 책이에요'가 됩니다. 독일어의 관사 'der'와 'das'는 주어와 목적어의 관계를 명확하게 나타내기 때문이에요.

그로 인해 명사가 문장의 어떤 곳에 위치하든 관사가 그 명사를 따라가기 때문에 명사의 격이 무엇인지 알 수 있습니다. 이번에는 다른 예문을 알아볼게요.

이 여사님은 아름다워요.

주어	동사	보어	보어	동사	주어
Die Frau	ist	hübsch.	Hübsch	ist	die Frau.
(디 프라우)	(이스트)	(휩쉬)	(휩쉬)	(이스트)	(디 프라우)
이 부인	이다	아름다워요	아름다운	이다	이 부인

오늘 비가 와요.

주어	동사	보어	보어	동사	주어
Es	regnet	heute.	Heute	regnet	es.
(에스)	(레그네트)	(호이테)	(호이테)	(레그네트)	(에스)
(가주어)	비가 와요	오늘	오늘	비가 와요	(가주어)

우리는 창가에 앉아 있어요.

주어	동사	전치사구	전치사구	동사	주어
Wir	sitzen	am Fenster.	Am Fenster	sitzen	wir.
(비어)	(지첸)	(암 펜스터)	(암 펜스터)	(지첸)	(비어)
우리는	앉다	창가에	창가에	앉다	우리는

동사는 반드시 문장의 두 번째에 위치해야 하는 것인지 궁금한 사람도 있을 것입니다. 사실 꼭 그래야만 하는 건 아니에요. 여러분들이 나중에 독일어를 어느 정도 배우면 훨씬 더 많은 유형의 문장이 있다는 것을 알게 될 겁니다. 이 책에서는 우선 비교적 자주 쓰는 의문문에 대해서 알아볼 거예요.

의문사가 있는 의문문

'무엇을, 언제, 어떻게, 어디서'와 같은 의문사로 문장이 시작되는 의문문에서 동사의 위치는 변하지 않고 그대로 두 번째에 위치합니다.

어떻게 불러야 해요?

의문사	동사	주어
Wie	heißen	Sie?
(비)	(하이쎈)	(지)
어떻게	부르다	당신을

무엇을 먹어요?

의문사	동사	주어
Was	isst	du?
(바스)	(이스트)	(두)
무엇을	먹다	당신

그분은 도대체 누구예요?

의문사	동사	보어	주어
Wer	ist	denn	das?
(베어)	(이스트)	(덴)	(다스)
누구	는	도대체	그

Ja/Nein을 사용하는 예/아니오 문장

'예'나 '아니오'로 대답해야 하는 의문문의 경우, 동사가 앞으로 올 수 있습니다.

안녕하세요?

동사	주어	질문목적어	보어
Geht	es	Ihnen	gut?
(게트)	(에스)	(이넨)	(구트)
은	(가주어)	당신	안녕

우산은 네 것이에요?

동사	질문목적어	주어
Gehört	dir	der Schirm?
(게회르트)	(디어)	(데어 슈림)
것이다	너	우산은

나를 도와줄 수 있어요?

조동사	주어	질문목적어	동사
Können	Sie	mir	helfen?
(쾨넨)	(지)	(미어)	(헬펜)
가능하다	너	나	도와주다

너는 집에 있어요?

동사	주어	전치사구
Bist	du	zu Hause?
(비스트)	(두)	(쭈 하우저)
있다	너	집에

부정문

영어의 경우 문장을 부정문으로 바꾸기 위해서 not만 추가해주면 됩니다. 하지만 독일어는 달라요. 하지만 훨씬 더 간단합니다. 동사의 뒤에 문장의 끝에 nicht를 넣어주면 '~하지 않다'의 뜻이 되기 때문입니다.

영어	독일어	한국어
I eat.	Ich esse. (이히 에세)	나는 먹었다.
I don't eat.	Ich esse nicht. (이히 에세 니히트)	나는 먹지 않았다.
I like it.	Ich mag es. (이히 마그 에스)	나는 그것을 좋아한다.
I do not like it.	Ich mag es nicht. (이히 마그 에스 니히트)	나는 그것을 좋아하지 않는다.
She knows the man.	Sie kennt den Mann. (지 켄트 덴 만)	그녀는 그 남자를 알고 있다.
She doesn't know the man.	Sie kennt den Mann nicht. (지 켄트 덴 만 니히트)	그녀는 그 남자를 알고 있지 않다.

하지만 모든 부정문에 nicht(니히트)를 사용할 수 있는 건 아닙니다. 이것은 초보 단계인 아주 간단한 방식 중 하나를 설명한 거예요.

숫자
Die Zahlen

독일 사람들은 숫자를 매우 중요하게 생각합니다. 만약 독일 사람을 설득하고 싶다면 숫자를 사용하는 게 가장 효과적일 것입니다. 뿐만 아니라 독일 사람의 신뢰를 얻기 위해서도 숫자를 사용해야 합니다.

숫자는 일상생활에서도 매우 자주 쓰입니다. 교통을 이용하거나 전화번호를 물어볼 때, 계산을 할 때 등 숫자를 사용하는 경우가 매우 많기 때문에 반드시 알아야 합니다. 그렇지 않으면 기차를 놓치거나 비행기를 못 타고 계산을 할 때 손해를 볼 수도 있으니까요.

▶ MP3 04-01

📝 Die Kardinalzahlen 기수

독일어로 숫자를 읽는 방법은 영어와 매우 비슷합니다.

0 ~ 12

독일어 숫자의 0 ~ 12은 영어처럼 고유한 명칭이 있어요.

0	null	(눌)	7	sieben	(지븐)
1	eins	(아인스)	8	acht	(악흐트)
2	zwei	(쯔바이)	9	neun	(노인)
3	drei	(드라이)	10	zehn	(첸)
4	vier	(피어)	11	elf	(엘프)
5	fünf	(퓬프)	12	zwölf	(쯔뵐프)
6	sechs	(젝스)			

13 ~ 19

그리고 13 ~ 19는 10에 3 ~ 9를 더한 것처럼 표기해요.

3	**+**	**10**	**=**	**13**
drei		zehn		dreizehn
(드라이)		(첸)		(드라이첸)

13	dreizehn	(드라이첸)	**17**	siebzehn	(집첸)
14	vierzehn	(피어첸)	**18**	achtzehn	(악흐첸)
15	fünfzehn	(퓬프첸)	**19**	neunzehn	(노인첸)
16	sechzehn	(젝히첸)			

20 ~ 90

10의 배수에 해당되는 각각의 숫자는 영어에서 –ty로 끝나지만 독일어에서는 –zig 로 끝나요. 단지 30만을 조금 다르게 표기해요.

2	**×**	**10**	**=**	**20**
zwan		zig		zwanzig
(쯔반)		(찌히)		(쯔반찌히)

20	zwanzig	(쯔반찌히)	**60**	sechzig	(젝히찌히)
30	dreißig*	(드라이씨히)	**70**	siebzig	(집찌히)
40	vierzig	(피어찌히)	**80**	achtzig	(악흐찌히)
50	fünfzig	(퓬프찌히)	**90**	neunzig	(노인찌히)

21, 35, 89처럼 뒷자리에도 숫자가 있는 경우에는 읽는 방법이 영어와는 조금 달라요. 우선 1의 자리를 읽고 난 후 10의 자리를 읽어야 해요. 예를 들어볼게요.

1	+	20	=	21
eins	und	zwanzig		einundzwanzig
(아인스)	(운트)	(쯔반찌히)		(아인운트쯔반찌히)

7	+	20	=	27
sieben	und	zwanzig		siebenundzwanzig
(지벤)	(운트)	(쯔반찌히)		(지벤운트쯔반찌히)

3	+	30	=	33
drei	und	dreißig		dreiunddreißig
(드라이)	(운트)	(드라이씨히)		(드라이운트드라이씨히)

Memo

숫자 6과 7

숫자 6이나 7에는 주의해야 할 부분이 있어요. 16, 17, 60, 70처럼 6이나 7 뒤에 이어지는 숫자가 있는 경우에는 −zehn나 −zig가 축약돼서 scchs와 sieben가 아닌 sech−와 sieb−가 돼요. 하지만 뒤에 이어지는 숫자가 없는 경우에는 원래 형식을 따라요.

100 이상

백 단위의 숫자를 읽는 방법은 1 ~ 9의 숫자와 백 hundert(훈데르츠)을 이어주면 돼요.

2   ×   100   =   200

zwei   hundert   zwei hundert

(쯔바이)   (훈데르트)   (쯔바이 훈데르트)

100	hundert (훈데르트)	500	fünfhundert (퓬프훈데르트)
	einhundert (아인훈데르트)	600	sechshundert (젝스훈데르트)
200	zweihundert (쯔바이훈데르트)	700	siebenhundert (지벤훈데르트)
300	dreihundert (드라이훈데르트)	800	achthundert (악흐트훈데르트)
400	vierhundert (피어훈데르트)	900	neunhundert (노인훈데르트)

백 단위 숫자에 이어지는 숫자가 있다면 이렇게 읽어요.

100   +   6   =   106

ein hundert   sechs   ein hundert sechs

(아인 훈데르트)   (젝스)   (아인 훈데르트 젝스)

200   +   2   +   20   =   222

zweihundert   zwei   und   zwanzig   zweihundert zweiundzwanzig

(쯔바이훈데르트)   (쯔바이) (운트) (쯔반찌히)   (쯔바이훈데르트 쯔바이운트쯔반찌히)

1000 이상

천 단위 숫자의 법칙도 백 단위 숫자와 같아요. 하지만 조금 특이한 점은 우리가 일반적으로 , 콤마를 사용해서 숫자를 나누는 반면, 독일어에서는 . 마침표로 표기해요.

1.000	tausend	(타우젠트)
2.000	zweitausend	(쯔바이타우젠트)
3.000	dreitausend	(드라이타우젠트)
5.000	fünftausend	(퓬프타우젠트)
6.744	sechstausend siebenhundert vierundvierzig	
	(젝스 타우젠트 지벤룬데르트 피어운트피어찌히)	

10.000	zehntausend	(첸타우젠트)
100.000	einhunderttausend	(아인훈데르트 타우젠트)
1.000.000	eine Million	(아이네 밀리온)
5.000.000	fünf Millionen	(퓬프 밀리오넨)
1.000.000.000	eine Milliarde	(아이네 밀리아르데)
1.000.000.000.000	eine Billion	(아이네 빌리온)

10.000

각각 자리에서의 1

eins가 단독으로 쓰이지 않고 다른 숫자와 함께 쓰일 때는 ein이라 표기하고 s를 붙이지 않아요. 예를 들어볼게요.

100	einhundert	(아인훈데르트)
1.000	eintausend	(아인타우젠트)
21	einundzwanzig	(아인운트쯔반찌히)

단독으로 쓰일 때만 s를 붙입니다.

1	eins	(아인스)
101	einhunderteins	(아인훈데르트아인스)

Memo

생긴 것은 같지만 뜻은 다르다?

일부 독일어 숫자의 명칭은 영어와 많이 달라요.

	독문	영문
100	Hundert	hundred
1.000	Tausend	thousand

	독문	영문	
십 억	Milliarde	billion	~~million~~
일 조	Billion	trillion	~~billion~~

📝 Die Ordnungszahl 서수

서수를 쓸 때는 . 마침표 하나를 더해서 이 숫자가 기수가 아닌 서수의 방식으로 읽어
야 함을 알려줘야 합니다. 예를 들어볼게요.

Der 1.Tag 첫째 날

서수(O)   der erste Tag   (데어 에흐스터 탁)

기수(×)   der eins Tag   (데어 아인스 탁)

---

1 ~ 19번째

1 ~ 19번째를 읽는 방법은 외우기 쉽습니다. 일반적인 기수에 –te만 더해주면 되기
때문입니다. 몇몇의 숫자만 예외가 적용될 뿐이에요.

	기수	+	te			
*1.	eins	+	te	=	erste	(에흐스터)
2.	zwei	+	te	=	zweite	(쯔바이터)
*3.	drei	+	te	=	dritte	(드리터)
4.	vier	+	te	=	vierte	(피어터)
5.	fünf	+	te	=	fünfte	(퓬프터)
6.	sechs	+	te	=	sechste	(젝스터)
*7.	sieben	+	te	=	siebte	(집터)
*8.	acht	+	te	=	achte	(악흐터)

-te

9.	neun	+	te	=	neunte	(노인터)
10.	zehn	+	te	=	zehnte	(첸터)
11.	elf	+	te	=	elfte	(엘프터)
12.	zwölf	+	te	=	zwölfte	(쯔빌프터)
13.	dreizehn	+	te	=	dreizehnte	(드라이첸터)
14.	vierzehn	+	te	=	vierzehnte	(피어첸터)
15.	fünfzehn	+	te	=	fünfzehnte	(퓬프첸터)
16.	sechzehn	+	te	=	sechzehnte	(젝히첸터)
17.	siebzehn	+	te	=	siebzehnte	(집첸터)
18.	achtzehn	+	te	=	achtzehnte	(악크첸터)
19.	neunzehn	+	te	=	neunzehnte	(노인첸터)

* 오직 1, 3, 7, 8만 규칙을 따르지 않으니 반드시 외우세요.

20번째 이상

20번째 이상의 서수에는 –ste를 붙여요.

	기수		+ ste		
20.	zwanzig		+ ste	=	zwanzigste (쯔반찌히스터)
21.	einundzwanzig		+ ste	=	einundzwanzigste (아인운트쯔반찌히스터)
22.	zweiundzwanzig		+ ste	=	zweiundzwanzigste (쯔바이운트쯔반찌히스터)
30.	dreißig		+ ste	=	dreißigste (드라이씨히스터)

	기수	+ ste	
31.	einunddreißig	+ ste	= einunddreißigste (아인운트드라이씨히스터)
40.	vierzig	+ ste	= vierzigste (피어찌히스터)
50.	fünfzig	+ ste	= fünfzigste (퓬프찌히스터)
60.	sechzig	+ ste	= sechzigste (젝히찌히스터)
70.	siebzig	+ ste	= siebzigste (집찌히스터)
80.	achtzig	+ ste	= achtzigste (악흐찌히스터)
90.	neunzig	+ ste	= neunzigste (노인찌히스터)
100.	hundert	+ ste	= hundertste (훈데르트스터)
1000.	tausend	+ ste	= tausendste (타우젠트스터)
10000.	zehntausend	+ ste	= zehntausendste (첸타우젠트스터)
100000.	hunderttausend	+ ste	= hunderttausendste (훈데르트타우젠트스터)
1000000.	million	+ ste	= millionste (밀리온스터)

-ste

서수와 명사를 함께 쓸 때는 절대로 관사를 잊지 말아요! 이때는 정관사를 사용해야 해요.

	관사	+ 서수	+ 명사
1층/2층	der (데어)	erste (에흐스터)	Stock (슈토크)
4번	das (다스)	vierte (피어터)	Mal (말)
20번째	die (디)	zwanzigste (쯔반찌히스터)	Party (파르티)

Memo

독일인의 층수

독일인들은 집이나 빌딩을 지면에서부터 한 층 올라간 곳을 '1층'이라고 해요.
다시 말해 우리나라에서는 2층에 해당되는 곳을 뜻해요. 그렇기 때문에 독일
사람에게 층수를 말해줄 때 헷갈리면 안 된다는 사실을 절대로 잊지 말아요!

📝 Die Bruchzahlen 분자 / 분모

독일어로 분수를 읽을 때는 위에 있는 분자를 먼저 읽은 후 밑에 있는 분모를 읽어야
합니다. 우리나라와는 정반대라고 할 수 있겠죠?
위에 위치한 숫자(분자)는 기수의 방법대로 읽습니다. 밑에 위치한 숫자(분모)는 서수
와 비슷하지만 –te / –ste를 빼고 –tel / –stel을 넣어주며 첫 글자를 대문자로 표
기합니다. 예를 들면,

분모

2	Zweitel	(쯔바이틀)
3	Drittel	(드리틀)
4	Viertel	(피어틀)
7	Siebentel	(지벤틀)

분수 읽는 방법

$\frac{1}{3}$ ein Drittel (아인 드리틀)

$\frac{1}{4}$ ein Viertel (아인 피어틀)

$\frac{3}{17}$ drei Siebzehntel (드라이 집첸텔)

반이나 2분의 1은 halb(할프), einhalb(아인할프)나 die halfte(디 할프테)로 표기
합니다.

반을 읽는 방법

| $\frac{1}{2}$ | einhalb | (아인할프) | 반 |
| | die Hälfte von eins | (디 헬프테 폰 아인스) | ~의 반 |

| $1\frac{1}{2}$ | anderthalb | (안터르트할프) | 1과 2분의 1 |

| $2\frac{1}{2}$ | zweieinhalbä | (쯔바이아인할프) | 2와 2분의 1 |

| $5\frac{1}{2}$ | fünfundeinhalb | (퓬프운트아인할프) | 5와 2분의 1 |

Die Dezimalzahlen 소수점

절대로 헷갈리면 안 됩니다! 독일어에서 소수점을 쓸 때는 . 마침표를 사용하지 않고, , 콤마를 사용합니다.

소수점은 콤마를 사용 Komma(콤마)

.   ,

5,3
fünf Komma drei
(퓬프 콤마 드라이)

0,8
null Komma acht
(눌 콤마 악흐트)

34,55
vierunddreißig Komma fünfundfünfzig
(피어운트드라이씨히 콤마 퓬프운트퓬프찌히)

📝 Die Telefonnummer 전화번호

독일의 국가번호는 049이며, 전화번호의 앞 3자리는 도시번호입니다. 예를 들면 030은 베를린의 번호이며, 089는 뮌헨의 번호입니다.

전화번호를 읽는 방법

1. 숫자를 읽음

0 8 9 2 7 1 2 6 4 2

null	acht	neun	zwei	sieben	eins
(눌)	(악흐트)	(노인)	(쯔바이)	(지벤)	(아인스)

zwei	sechs	vier	zwei
(쯔바이)	(젝스)	(피어)	(쯔바이)

2. 두 글자씩 십 단위 숫자로 만들어서 함께 읽음

전화번호를 쓸 때도 보통 이렇게 두 글자씩 끊어서 쓰는 경우가 많아요. 하지만 앞의 3글자는 도시번호이기 때문에 3글자를 함께 써요.

089 2 71 26 42

null	acht	neun	zwei	einundsiebzig
(눌)	(악흐트)	(노인)	(쯔바이)	(아인운트집찌히)

sechsundzwanzig	zweiundvierzig
(젝스운트쯔반찌히)	(쯔바이운트피어찌히)

3. 세 글자씩 백 단위 숫자로 만들어서 함께 읽음

---

089 271 264 2

null   acht   neun   zweihunderteinundsiebzig
(눌)   (악흐트)   (노인)   (쯔바이훈데르트아인운트집찌히)

zweihundertvierundsechzig   zwei
(쯔바이훈데르트피어운트젝찌히)   (쯔바이)

▶ MP3 04-05

📝 Die Prozentzahl 퍼센트

퍼센트를 읽는 방법은 일반적인 기수를 읽는 방법 뒤에 % Prozent를 더해주면
됩니다.

80%
achtzig Prozent
(악흐찌히 프로쩬트)

100%
einhundert Prozent
(아인훈데르트 프로쩬트)

125%
einhundertfünfundzwanzig Prozent
(아인훈데르트퓬프운트쯔반찌히 프로쩬트)

📝 Die Punktzahl 스코어

이번에 배울 내용은 독일 친구와 함께 있을 때 아주 유용할 겁니다. 독일의 유명한 것을 얘기해보면 소시지 이외에도 축구팀을 들 수 있습니다. 여러분들도 아마 한 번쯤은 들어봤을만한 팀들일 거예요. '바이에른 뮌헨', '도르트문트'

축구 경기의 득점 스코어

독일에 가서 직접 축구 경기를 보러 가거나 텔레비전이나 라디오에서 중계방송을 해주는 것을 보거나 듣는 경우가 있을 겁니다. 그렇다면 독일어로 스코어를 어떻게 말하는지 몰라서는 안 되겠죠? 그래야 축구 경기의 짜릿함을 알 수 있을 테니까요!

2-0	4-1	3-2	무승부
zwei zu null	vier zu eins	drei zu zwei	unentschieden
(쯔바이 쭈 눌)	(피어 쭈 아인스)	(드라이 쭈 쯔바이)	(운엔트쉬덴)

몇 점 만점에 몇 점

독일어로 경기의 스코어 이외에 시험 점수는 어떻게 말하는지 알아볼게요.

만점	die volle Punktzahl	
	(디 폴레 풍트짤)	
	Die maximal erreichbare Punktzahl	
	(디 막시말 에어라이히바레 풍트짤)	
10점 만점에 8점	acht von zehn	(악흐트 폰 첸)
20점 만점에 15점	fünfzehn von zwanzig	(퓬프첸 폰 쯔반찌히)
30점 만점에 18점	achtzehn von dreißig	(악흐첸 폰 드라이씨히)

만약 이 책을 끝까지 공부한다면 0점을 받을 리 없을 것임을 보장할게요!(몇 점을 받게 될지는 전적으로 여러분 자신에게 달렸어요!)

사칙연산
Die Berechnung

숫자에 대해 알아봤으니 이번에는 계산하는 법에 대해 알아볼게요. ▶ MP3 05-01

📖 산수에서 자주 쓰는 부호

사칙연산에 쓰이는 부호를 봤다면 이렇게 말하면 됩니다.

+	plus	(플루스)
-	minus	(미누스)
x	mal	(말)
÷	durch/geteilt durch	(두리히/게타일트 두리히)
=	gleich	(글라이히)
<	weniger als	(비니거 알스)
>	mehr als	(메어알스)
%	Prozent	(프로첸트)

📖 계산에서 자주 쓰이는 동사

연산부호를 직접 말하는 것 이외에 사칙연산을 뜻하는 동사를 말하게 되는 경우도 있습니다. 이 표현들은 숫자를 계산할 때도 쓸 수 있지만 일상생활에서도 사용할 수 있어요.

더하기	addieren	(아디른)
빼기	subtrahieren	(숩트라히른)
곱하기	multiplizieren	(물티플리찌른)
나누기	dividieren	(디비디른)
제곱	hoch	(혹흐)

두 번을 더 더해야 돼요.

Du musst noch zwei mal addieren.

(두 무스트 녹흐 쯔바이 말 아디른)

나는 곱셈을 빨리 할 수 있어요

Ich kann schnell multiplizieren.

(이히 칸 슈넬 물티플리찌른)

▶ MP3 05-02

✎ 수학계산

수학과 관련된 단어를 배웠으니, 독일의 초등학생들은 어떻게 계산식을 작성하는지 알아보아요!

4	+	3	=	7
vier	plus	drei	ist	sieben
(피어)	(플루스)	(드라이)	(이스트)	(지벤)

10	-	5	=	5
zehn	minus	fünf	ist	fünf
(첸)	(미누스)	(퓬프)	(이스트)	(퓬프)

6	**x**	**7**	**=**	**42**
sechs	mal	sieben	ist	zweiundvierzig
(젝스)	(말)	(지벤)	(이스트)	(쯔바이운트피어찌히)

9	**÷**	**3**	**=**	**3**
neun	durch	drei	ist	drei
(노인)	(두리히)	(드라이)	(이스트)	(드라이)

4	**<**	**6**
vier	ist	weniger als	sechs
(피어)	(이스트)	(비니거 알스)	(젝스)

8	**>**	**3**
acht	ist	mehr als	drei
(악흐트)	(이스트)	(메어 알스)	(드라이)

4²	**=**	**16**
vier hoch zwei	ist	sechzehn
(피어 호크 쯔바이)	(이스트)	(젝히첸)

CHAPTER
06

도형

Die Formen

이번 단원에서는 수학과 관련된 범위 내에서 평면도형과 입체도형 그리고 측량 단위에는 어떤 것들이 있는지 알아보겠습니다.

▶ MP3 06-01

Die Formen 평면 도형

원형

der Kreis

(데어 크라이스)

타원형

das Oval

(다스 오발)

삼각형

das Dreieck

(다스 드라이에크)

정사각형

das Quadrat

(다스 쿠바드라트)

직사각형

das Rechteck

(다스 레히트에크)

사다리꼴

das Trapez

(다스 트라페츠)

마름모

der Rhombus

(데어 롬부스)

평행사변형

das
Parallelogramm

(다스 파하릴로그람)

오각형

das Fünfeck

(다스 퓬프에크)

📝 Die Körper 입체 도형

정육면체
der Würfel
(데어 뷔르플)

사각뿔
die Pyramide
(디 피라미데)

원기둥
der Zylinder
(데어 찔린더)

원뿔
der Kegel
(데어 케글)

구
die Kugel
(디 쿠글)

📝 Die Linien 선

―――― 직선의 gerade
(게라드)

- - - - - 점선의 gestrichelt
(게슈트리쉘트)

⌒ 곡선의 gekrümmt
(게큄트)

⊥ 수직선의 senkrecht
(젠크레히트)

∿∿∿ 지그재그 zickzack
(찌크자크)

══ 평행선 parallel
(파하릴)

📝 Die Kreisteile 원형의 구성

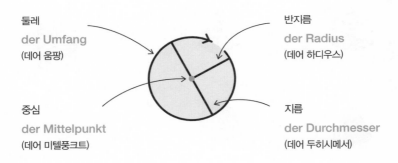

둘레
der Umfang
(데어 움팡)

반지름
der Radius
(데어 하디우스)

중심
der Mittelpunkt
(데어 미텔풍크트)

지름
der Durchmesser
(데어 두히시메서)

📝 Die Quadratteile 사각형의 구성

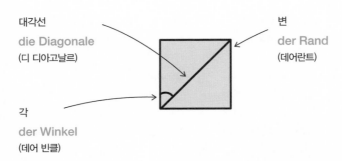

대각선
die Diagonale
(디 디아고날르)

변
der Rand
(데어란트)

각
der Winkel
(데어 빈클)

📝 Die Maße 측량 단위

부피	das Volumen	(다스 볼루믄)
크기	die Abmessung	(디 압메숭)
높이	die Höhe	(디 회에)
깊이	die Tiefe	(디 티퍼)
길이	die Länge	(디 렝어)
폭, 너비	die Breite	(디 브라이트)
면적	die Fläche	(디 플레셰)

CHAPTER 07

대명사
Die Pronomen

독일어의 대명사는 다른 언어처럼 명사를 대표하는 역할을 해서 문장을 간략하게 해 줍니다. 같은 명사를 여러 번 말할 필요가 없기 때문이죠. 여러 종류의 대명사들이 있 는데 이는 영어의 인칭대명사가 목적어로 쓰일 때 me로 바뀌는 것처럼 용도에 따 라 변하게 됩니다. 독일어의 대명사는 영어의 대명사와 규칙이 얼마나 다른지 하나 씩 알아보도록 할게요.

▶ MP3 07-01

📝 Die deutschen Pronomen 독일어의 인칭대명사

독일어의 인칭대명사는 기본적으로 10개가 있는데, 영어와 비교했을 때 하나 더 많 은 이유는 지금 나와 대화하고 있는 '너'처럼 2인칭 사람을 지칭할 때 친밀도에 따라 구별되기 때문입니다.

경어 대명사 '당신'은 처음 보는 사람이나, 익숙하지 않은 사람, 존중을 표현해야 하는 사람이나 선배 같은 윗사람에게 사용합니다. 그리고 보통 대명사인 '너'는 친구나 가 족 혹은 가깝지 않은 후배에게 사용하는 말입니다.

단수대명사

1인칭	ich	(이히)	= 나(I)
2인칭	du	(두)	= 너(you)
	Sie	(지)	= 당신(you) 존칭
3인칭	er	(에어)	= 그(he)
	sie	(지)	= 그녀(she)
	es	(에스)	= 그것(it)

*독일어 대명사 er, sie, es는 정관사 der, die, das의 대명사예요. 사람이든, 일이든, 사물이든 모든 명 사는 각기 다른 정관사를 사용합니다. 이 책은 독자들의 이해를 돕기 위해 '그'로 통일해서 설명할게요.

복수대명사

1인칭	wir	(비어)	=	우리(we)
2인칭	ihr	(이어)	=	너희들(you)
	Sie	(지)	=	당신들(you) 존칭
3인칭	sie	(지)	=	그들(they)

3인칭 대명사는 영어의 he, she, it과는 조금 다릅니다. er는 남성명사의 대명사, sie 는 여성명사의 대명사이며 es는 중성명사의 대명사예요. 그렇기 때문에 모든 동물이 나 사건은 관사에 따라 서로 다른 대명사를 사용해야 합니다.

Memo

Sie 대문자

Sie(지)는 2인칭 대명사에 존칭을 사용할 때 쓰는 말이며 문장의 어느 곳에 위치 하든 모두 첫 글자는 대문자로 써야 돼요(3인칭의 경우에는 소문자로 써도 됨).

📝 독일어 대명사의 변화

명사도 관사와 같이 인칭의 변화에 따라 변합니다. 대명사는 명사를 대표하는 역할을 하지만 형태가 가지각색으로 변합니다. 각각의 대명사가 변하는 규칙을 기억할 수 있는 유일한 방법은 열심히 외우는 것이에요.

단수	Nominativ (노미나티브) **주격**	Akkusativ (노미나티브) **목적격**	Dativ (다티브) **여격**	Possesiv (포제지브) **소유격**
1인칭 나	ich(이히)	mich(미히)	mir(미어)	mein(마인)
2인칭 너, 당신	du(두) Sie(지)	dich(디히) Sie(지)	dir(디어) Ihnen(이넌)	dein(다인) Ihr(이어)
3인칭 그 (der…) (die…) (das…)	er(에어) sie(지) es(에스)	ihn(인) sie(지) es(에스)	ihm(임) ihr(이어) ihm(임)	sein(자인) ihr(이어) sein(자인)
1인칭 우리	wir(비어)	uns(운스)	uns(운스)	unser(운저)
2인칭 너희들, 당신들	ihr(이어) Sie(지)	euch(오이히) Sie(지)	euch(오아히) Ihnen(이넌)	euer(오이어) Ihr(이어)
3인칭 그들	sie(지)	sie(지)	ihnen(이넌)	ihr(이어)

이 분은 내 친구 Johann이에요.

Hier ist <u>Johann</u>.

Er ist mein Freund.

(히어 이스트 요한. 에어 이스트 마인 프로인트)

<u>Johann</u> = 남성으로 대명사 er을 사용

나는 개를 키우는데, 갈색이에요.

Ich habe <u>einen</u> <u>Hund</u>.

Er ist braun.

(이히 하베 아이넨 훈트. 에어 이스트 브라운)

<u>einen</u> <u>Hund</u> = 남성으로 대명사 er을 사용

벽에 걸려있는 그림은 Marie가 그린 그림이에요.

<u>Das</u> <u>Bild</u> **hängt an der Wand. Marie zeichnet es.**

(다스 빌트 헹트 안 데어 반트. 마리 짜이히네트 에스)

<u>Das</u> <u>Bild</u> = 중성으로 대명사 es를 사용

Schmitz 씨는 선생님이며, 스위스에서 오셨어요.

<u>Frau</u> <u>Schmitz</u> **ist Lehrerin. Sie kommt aus der Schweiz.**

(프라우 슈미츠 이스트 레허린. 지 콤트 아우스 데어 슈바이츠)

<u>Frau</u> <u>Schmitz</u> = 여성으로 대명사 sie를 사용

나는 Markus를 알아요. 우리는 같이 공부했어요.

<u>Ich</u> **kenne** <u>Markus</u>. **Wir studieren zusammen.**

(이히 케네 마르쿠스. 비어 슈투디어흔 쭈잠멘)

<u>Ich</u>와 <u>Markus</u>와 함께 = 1인칭 복수로 대명사 wir를 사용

Memo

소유격(Genitiv)과 Possessiv

독일어에서 소유격의 명사에는 Genitiv(게니티브)를 사용해요. 그런데 소유격의 대명사에는 왜 Possessiv(포제지브)를 사용하는지 생각해본 적이 있나요?

이 두 단어는 모두 사람이나 사물의 소유를 나타내지만 사용법이 달라요.

1. Possessivpronomen(포제지브프로노멘)은 영어의 my, your, their처럼 소유격대명사를 나타내는 말로 사용할 때 명사의 앞에 위치해요. 예를 들면

mein Vater	(마인 파터)	우리 아빠
dein Tisch	(다인 티쉬)	너의 책상
Ihre Sprache	(이어흐 슈프라허)	당신들의 언어

2. Genetiv(게네티브)는 누구의 명사인지 나타내는 말로, 명사의 뒤에 위치해요. Genetiv(게네티브)를 영어의 of처럼 쓸 수도 있는데, 독일어의 소유격은 반드시 명사의 변화에 맞춰서 사용해야 해요. 예를 들면

Auto des Vaters	(아우토 데스 파터스)	아버지의 자동차
Beine der Tische	(바이네 데어 티셔)	책상 다리의 수
Buch der Lieder	(부흐 데어 리더)	노래 가사책

📝 대명사와 의문문

어떤, 어디, 언제처럼 의문사로 시작하는 의문문에 대답할 때는 어떤 종류의 대명사를 사용해야 될까요?

물어볼 때

Wer(베어) '누구'를 사용

Wer möchte eine Cola?

(베어 뫼쉬테 아이너 콜라?)

콜라 마실 사람?

대답할 때

주격대명사

Ich.

(이히)

저요.

물어볼 때

Was(바스) '무엇'을 사용

Was liegt auf dem Tisch, ein Kuli?

(바스 리그트 아우프 뎀 티쉬, 아인 쿨리?)

책상 위에 놓여있는 물건은 연필이야?

대답할 때

주격대명사

Ja, er liegt auf dem Tisch.

(야, 에어 리그트 아우프 뎀 티쉬)

네, 연필이에요.

물어볼 때

Wen(벤) '누구'를 사용

Wen liebt die Frau?

(벤 립트 디 프라우?)

그 여자는 누구를 좋아하게 됐어?

물어볼 때

Wem(벰) '누구'를 사용

Wem gehört das Fahrrad?

(벰 게회르트 다스 파하트?)

이 자전거는 누구 것이야?

물어볼 때

Wessen(베센) '누구의'를 사용

Wessen Haus ist das?

(베센 하우스 이스트 다스?)

이 집은 누구의 것이야?

대답할 때

목적격대명사

Ihn.

(인)

그예요.

대답할 때

여격대명사

Es gehört ihr.

(에스 게회르트 이어)

그건 그녀의 것이에요.

대답할 때

소유격대명사

Das ist unser Haus.

(다스 이스트 운저 하우스)

이 집은 우리 집이에요.

CHAPTER 08

동사의 변화
Die Konjugation der Verbe

세계에는 수많은 언어들이 존재합니다. 그중 많은 언어들이 동사를 사용할 때 반드시 그 동사에 변화 과정을 거쳐야 사용할 수 있습니다. 다시 말해서 동사를 그대로 쓸 수 없고 상황에 따라 먼저 변화를 해야 합니다. 마치 음식처럼 재료를 먼저 조리한 후에 우리가 먹는 것처럼 말이죠!

동사의 변화는 외국어를 배우는 모든 사람들에게 거대한 용이나 사나운 짐승처럼 느껴질 거예요. 특히 독일어는 인칭대명사의 변화에 따라 변하는 동사의 종류가 다른 언어보다 많기 때문에 외울 것이 훨씬 더 많아요. 뿐만 아니라 대명사나 격, 그리고 시제 역시 변화하기 때문에 굉장히 무섭게 느껴질 거예요! 그러나 여러분 부디 당황하거나 겁내지 말아요! 독일어에는 변화하는 것이 굉장히 많지만 규칙이 매우 명확하기 때문에 예외가 굉장히 적습니다.

📝 Infinitiv 원형동사

독일어 사전을 펴보면 대부분의 독일어 명사가 –en으로 끝나는 것을 볼 수 있을 것입니다. 이런 것들을 원형동사라고 해요. 예를 들어볼게요.

machen	(막흔)	하다
heißen	(하이쓴)	~로 부르다
schreiben	(슈라이븐)	쓰다
wohnen	(보는)	살다

📝 Konjugation 동사 변화

동사 변화의 첫걸음은 우선 주어가 무엇인지 보는 거예요. 그 후 주어가 어떻게 변화했는지 봐야 합니다. 주어는 어떻게 나뉘는지 기억하고 있겠죠?

	1인칭	2인칭	3인칭
단수	ich(이히) 나	du(두) 너(보통형) Sie(지) 당신(존칭형)	er/sie/es (에어/지/에스) 그
복수	wir(비어) 우리	ihr(이어) 너희(보통형) Sie(지) 당신들(존칭형)	sie(지) 그들

이밖에 다른 명사가 대명사로 변하지 않았을 경우에는 아래의 규칙을 따라야 합니다.

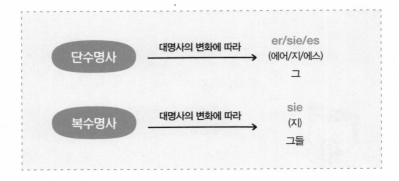

📝 Schwache Verben 동사 변화의 규칙

독일어의 동사 변화 규칙은 규칙형과 특수형 두 종류로 나뉩니다. 이 점은 영어와 매우 비슷하죠. 규칙형의 변화는 매우 간단합니다. 원형동사에 –en을 없애고, 주어에 따라 알맞은 Endung(엔둥)을 넣어주기만 하면 됩니다.

	주어		Endung (엔둥) 단어의 끝
단수	ich(이히) 나	-en	-e
	du(두) 너		-st
	Sie(지) 당신		-en
	er(에어) 그 sie(지) 그녀 es(에스) 그것		-t
복수	ihr(이어) 너희들		-t
	wir(비어) 우리 Sie(지) 당신들 sie(지) 그들		-en

위에 있는 표에서 3가지 대명사 Sie(지), wir(비어), sie(지)와 복수명사를 사용한 단어의 끝이 모두 –en로 변화한 것을 봤나요? 이 단어들을 하나로 묶어놓지 않은 이유는 여러분들이 Sie(지)의 단수와 복수형식을 헷갈리지 않게 하기 위함이에요.

조금 더 자세하게 살펴보면 표에서 몇몇의 대명사에 어울리는 동사가 변화한 후에도 —en으로 끝나는 것을 알 수 있을 것입니다. 사실 아무런 변화 없이 그대로 원형동사를 사용해도 돼요. 단어의 끝을 없앤 후 새로운 글자를 추가해도 어차피 —en형태이기 때문이에요. 아래는 자주 사용하는 동사의 변화들이에요.

machen(막흔) 조립하다, 만들다
—en을 없앤 후 남은 mach를 아래 주어에 따라 변화

▶ MP3 08-01

	주어	Endung (엔둥) 어미 변화	변화된 동사
단수	ich(이히) 나	-e	mache(막흐)
	du(두) 너	-st	machst(막흐스트)
	Sie(지) 당신	-en	machen(막흔)
	er(에어) 그 sie(지) 그녀 es(에스) 그것	-t	macht(막흐트)
복수	ihr(이어) 너희들	-t	macht(막흐트)
	wir(비어) 우리 Sie(지) 당신들 sie(지) 그들	-en	machen(막흔)

나는 아무것도 안 했어요.

Ich mache nichts.

(이히 막흐 니히츠)

너는 숙제 했니?

Du machst Hausaufgaben?

(두 막흐스트 하우스아우프가븐)

당신은 어디서 무엇을 하고 계세요?

Was mach**en** **Sie** denn da?

(바스 막흔 지 덴다)

단테는 크림을 사용해서 케이크를 만들어요.

Dante macht Sahne für die Torte.

(단테 막흐트 자네 퓌어 디 토르테)

arbeiten(아바이튼) 일하다

–en을 없앤 후 남은 arbeit를 아래 주어에 따라 변화

(▶) MP3 08-02

	주어	Endung (엔둥) 어미 변화	변화된 동사
단수	ich(이히) 나	-e	**arbeit**e(아바이테)
	du(두) 너	-st	**arbeit**est(아바이테스트)
	Sie(지) 당신	-en	**arbeit**en(아바이튼)
	er(에어) 그 sie(지) 그녀 es(에스) 그것	-t	**arbeit**et(아바이테트)
복수	ihr(이어) 너희들	-t	**arbeit**et(아바이테트)
	wir(비어) 우리 Sie(지) 당신들 sie(지) 그들	-en	**arbeit**en(아바이튼)

du(두), er(에어), sie(지), es(에스), ihr(이어) 아래의 대명사들과 –t, –st로 끝나는 동사의 형태가 바뀔 때 우선 e를 넣어줍니다. 이건 발음을 편하게 하기 위함이에요.

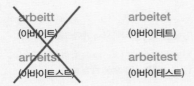

arbeitt ⨯
(아바이트)

arbeitst ⨯
(아바이트스트)

arbeitet
(아바이테트)

arbeitest
(아바이테스트)

변화할 때 이런 식으로 –e를 더해주는 동사는 원형에서 –en을 없앤 후에 원래 단어의 맨 끝 글자가 t, d, n의 동사일 경우에만 –e를 더해서 발음을 보조하는데 씁니다.

너는 무슨 일을 해요?

Was arbeite<u>st</u> <u>du</u>?

(바스 아바이테스트 두)

우리는 토요일에 출근해야 돼요.

Am Samstag arbeiten <u>wir</u> auch.

(암 잠스탁 아바이튼 비어 아욱흐)

나는 Borsch에서 일해요.

<u>Ich</u> arbeite bei Borsch.

(이히 아바이테 바이 보호쉬)

Marco는 오늘 출근하지 않아요.

Heute arbeitet <u>Marco</u> nicht.

(호이테 아바이테트 마르코 니히트)

그래도 우리가 마음을 놓을 수 있는 건 독일어 대다수의 동사가 변화하는 데는 규칙
이 있다는 거예요.

쓰다
schreiben
(슈라이븐)

살다
wohnen
(보는)

생활하다
leben
(레븐)

마시다
trinken
(트링큰)

가다
gehen
(게흔)

듣다
hören
(회른)

오다
kommen
(콤믄)

다음 페이지에서는 규칙을 따르지 않는 특수한 동사에 대해서 알아볼 거예요.

📝 Starke Verben 불규칙 변화 동사

독일어 동사의 불규칙 변화는 영어만큼 그렇게 크지 않습니다. 규칙적으로 변화하는
동사와 다른 한 가지는 사실 모음 하나만 변할 뿐이에요!

1. a 모음이 있는 동사

주어가 아래 몇몇의 대명사가 아니며 동사에 모음 a(아)가 있는 경우, -en을 없앤 후
에 규칙에 따라 변화해요.

du (두)
er (에어)
sie (지)   a(아) ──→ ä(에)
es (에스)

이에 해당하는 동사는 이것들이 있어요.

달리다	laufen	(라우픈)
자다	schlafen	(슐라픈)
떨어뜨리다	fallen	(팔른)
자라다	wachsen	(봑쓴)
허락하다, 남다	lassen	(라쓴)
입다	tragen	(트라근)

a → ä

fahren(파흔) 운전하다, 탑승하다

–en을 제거한 후 남은 fahr을 변화시킴

	주어	Endung (엔둥) 어미 변화	변화된 동사
단수	ich(이히) 나	-e	**fahr**e(파흐)
	du(두) 너	-st	**fähr**st(푀흐스트)
	Sie(지) 당신	-en	**fahr**en(파흔)
	er(에어) 그 sie(지) 그녀 es(에스) 그것	-t	**fähr**t(푀흐트)
복수	ihr(이어) 너희들	-t	**fahr**t(파흐트)
	wir(비어) 우리 Sie(지) 당신들 sie(지) 그들	-en	**fahr**en(파흔)

그는 어디로 가요?

Wohin fährt er?

(보힌 푀흐트 에어)

너는 언제 독일에 가?

Wann fährst du nach Deutschland?

(반 푀흐스트 두 낙흐 도이칠란트)

2. 모음 e가 있는 동사

동사에 모음 e(에)가 있는 경우에는 두 가지 규칙이 있습니다.

1. e가 단음으로 발음되는 경우 모음 e를 i(이)로 바꾼 후 단음으로 발음.

이에 해당하는 동사에는 이들이 있어요.

먹다
essen
(에쓴)

마주치다
treffen
(트레픈)

돕다
helfen
(헬픈)

잡다
nehmen
(네믄)

(nehmen의 주어가 대명사 du와 er / sie / es일 경우 du nimmst와 er / sie / es nimmt로 변화)

sprechen(슈프렉헨) 말하다

–en을 없앤 후 남은 sprech를 변화시킴

	주어	Endung (엔둥) 어미 변화	변화된 동사
단수	ich(이히) 나	-e	spreche(슈프레헤)
	du(두) 너	-st	sprichst(슈프리히스트)
	Sie(지) 당신	-en	sprechen(슈프렉헨)
	er(에어) 그 sie(지) 그녀 es(에스) 그것	-t	spricht(슈프리히트)
복수	ihr(이어) 너희들	-t	sprecht(슈프레히트)
	wir(비어) 우리 Sie(지) 당신들 sie(지) 그들	-en	sprechen(슈프렉헨)

Hanna는 독일어를 매우 잘해요.

<u>Hanna</u> sprich<u>t</u> sehr gut Deutsch.

(한나 슈프리히트 제어 구트 도이치)

너는 영어 할 줄 아니?

Sprich<u>st</u> <u>du</u> Englisch?

(슈프리히스트 두 엥글리쉬)

110

2. e가 장음으로 발음되는 경우 모음 e를 ie(이)로 바꿈.

e(에) — — — — — → ie(이)

이에 해당하는 동사에는 이들이 있어요.

sehen	(제흔)	보다
stehlen	(슈틸렌)	훔치다
befehlen	(베펠렌)	맡기다
empfehlen	(엠펠렌)	물러가다
geschehen	(게쉐헨)	생기다

lesen(레젠) 읽다

–en을 없앤 후 남은 les를 변화시킴.

	주어	Endung (엔둥) 어미 변화	변화된 동사
단수	ich(이히) 나	-e	les(레스)
	du(두) 너	-st	liest(리스트)
	Sie(지) 당신	-en	lesen(레젠)
	er(에어) 그 sie(지) 그녀 es(에스) 그것	-t	liest(리스트)
복수	ihr(이어) 너희들	-t	lest(레스트)
	wir(비어) 우리 Sie(지) 당신들 sie(지) 그들	-en	lesen(레젠)

Meike, 지금 무엇을 보고 있어요?
Was liest du denn, Meike?
(바스 리스트 두 덴, 마이케)

그 여자아이는 소설 읽는 것을 좋아해요.
Die Frau liest gerne Romane.
(디 프라우 리스트 게흐네 로마네)

✍ 자주 쓰는 중요한 동사

가장 자주 쓰고, 가장 중요하며 확실하게 기억해야 할 동사 두 가지가 있습니다. 그 중 하나는 sein(자인)이고, 나머지 하나는 haben(하벤)이예요.

1. sein(자인) 동사

영어의 'be 동사'와 같이 ~는, ~에의 뜻을 가지고 있음.

	주어	sein 동사
단수	ich(이히) 나	bin(빈)
	du(두) 너	bist(비스트)
	Sie(지) 당신	sind(진트)
	er(에어) 그 sie(지) 그녀 es(에스) 그것	ist(이스트)
복수	ihr(이어) 너희들	seid(자이트)
	wir(비어) 우리 Sie(지) 당신들 sie(지) 그들	sind(진트)

CHAPTER 08

나는 여자예요.
Ich <u>bin</u> **eine Frau.**
(이히 빈 아이네 프라우)

그는 20살이에요.
Er <u>ist</u> **zwanzig Jahre alt.**
(에어 이스트 쯔반찌히 야레 알트)

이 분은 Tanja예요.
Hier <u>ist</u> **Tanja.**
(히어 이스트 탄야)

너는 무슨 일을 하니?
Was <u>bist</u> **du von Beruf?**
(바스 바스트 두 폰 베루프)

당신은 누구세요?
Wer <u>sind</u> **Sie?**
(베어 진트 지)

2. haben(하벤) 동사

이 동사 역시 영어의 'have'처럼 있다의 뜻을 가지고 있습니다. 뿐만 아니라 영어처럼 완성된 문장에서는 조동사의 역할을 할 때도 있어요.

	주어	Verb haben 동사
주어	ich(이히) 나	habe(하베)
	du(두) 너	hast(하스트)
	Sie(지)　당신	haben(하벤)
	er(에어) 그 sie(지) 그녀 es(에스) 그것	hat(하트)
복수	ihr(이어) 너희들	habt(합트)
	wir(비어) 우리 Sie(지) 당신들 sie(지) 그들	haben(하벤)

나는 남동생이 한 명 있어요.

Ich <u>habe</u> **einen Bruder.**

(이히 하베 아이넨 브루더)

나의 여동생은 신발이 굉장히 많아요.

Meine Schwester <u>hat</u> **sehr viele Schuhe.**

(마이네 슈베스터 하트 제어 필레 슈에)

당신은 핸드폰이 있나요?

<u>Haben</u> **Sie ein Handy?**

(하벤 지 아인 핸디)

너는 숙제를 이미 다 했니?

<u>Hast</u> **du die Hausaufgaben schon gemacht?**

(하스트 두 디 하우스아우프가벤 숀 게막흐트)

3. Trennbare Verben(트렌바레 베르벤) 분리동사

생각보다 많은 독일어의 동사들은 분리동사로 나눌 수 있습니다. Trennbare Verben (트레바레 베르벤)으로 불리는 동사는 크게 두 가지로 구성되어 있어요.

접두사	동사
Präfix	Verb
(프레픽스)	(베르브)

사전을 펼쳐보면 이 두 부분이 함께 쓰여있는 것을 볼 수 있을 겁니다. 접두사는 앞에 놓이고 동사는 뒤에 놓여요. 이 책에서는 선 하나를 그어서 두 부분을 구분하기 쉽도록 분리해두었습니다.

잠을 자다	ein|schlafen	(아인 슐라픈)
구매하다	ein|kaufen	(아인 카우픈)
도착하다	an|kommen	(안 콤믄)
전화를 걸다	an|rufen	(안 후픈)
출발하다	ab|fahren	(압 파흔)

ein Schlafen

'사다'로 예를 들어서 설명해 볼게요. 여기 두 가지 표기법이 있습니다. 하나는 단독으로 사용했고, 다른 하나는 분리해서 사용했습니다.

단독 사용	분리 사용
kaufen	ein|kaufen
(카우픈)	(아인 카우픈)
구경하다/사다	구매하다/구입하다
반드시 목적어가 필요	목적어를 쓰지 않을 수 있음

접두사는 대표하는 의미가 다를 때가 있습니다. einkaufen은 생활용품을 구매하거나 슈퍼마켓에서 물건을 살 때 쓰는 말이고, 만약 길거리를 돌아다니면서 옷을 사는 경우라면 shoppen을 사용합니다.

분리동사를 사용해서 문장을 구성할 때 접두사 präfix는 반드시 문장의 맨 뒤에 위치해야 합니다. 그리고 변화된 동사는 문장의 중간에 위치합니다.

동사변화 전	완성된 문장
잠을 자다	나는 일찍 잤어요.
ein|schlafen	**Ich schlafe früh ein.**
(아인 슐라픈)	(이히 슐라퍼 프뤼 아인)

- -

동사변화 전	완성된 문장
구매하다	사람들은 모두 KaDeWe백화점에서 쇼핑하는 것을 좋아해요.
ein|kaufen	**Man kauft gern in KaDeWe ein.**
(아인 카우픈)	(만 카우프트 게흔 인 카데베 아인)

동사변화 전	완성된 문장
도착하다	그는 매우 늦게 왔어요.
an|kommen	**Er kommt spät** an.
(안 콤믄)	(에어 콤트 슈페트 안)

동사변화 전	완성된 문장
전화를 걸다	누가 나한테 전화했어요?
an|rufen	**Wer ruft mich** an?
(안 후픈)	(베어 후프트 미히 안)

동사변화 전	완성된 문장
출발하다	우리는 매우 일찍 출발했어요
ab|fahren	**Früh fahren wir** ab.
(압 파흔)	(프뤼 파흔 비어 압)

CHAPTER
09

일, 월, 년
Tag, Monat und Jahr

Apr 2558

24

독일 사람들은 굉장히 진지하고 열심히 일할 것 같지만 휴일을 매우 중요하게 생각해서 1년에 30일의 휴일 30 Arbeitstage(아바이츠타거)이 있습니다. 뿐만 아니라 만약 외국에 파견 근무 중이라면 45일까지 쉴 수 있어요. 그리고 이건 여러 가지 명절을 포함하지 않은 휴일이기 때문에, 매 휴가 때마다 해외여행을 충분히 갈만합니다. Urlaub(우로우브)는 직장인의 휴일이에요. 독일 사람들에게 매우 중요합니다. 이 날은 직장인들뿐만 아니라 가정주부에게도 매우 중요한 날이에요.

▶ MP3 09-01

직장인들의 휴일
der Urlaub
(데어 우로우브)

학생들의 휴일 / 방학
die Ferien
(디 페어리엔)

📖 Der Tag 요일

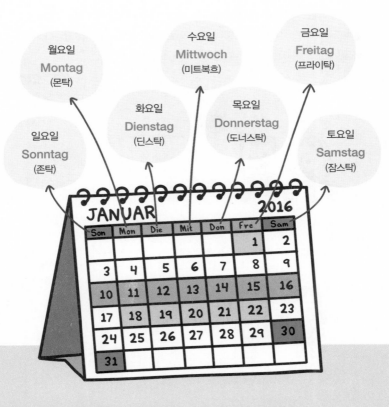

일요일
Sonntag
(존탁)

월요일
Montag
(몬탁)

화요일
Dienstag
(딘스탁)

수요일
Mittwoch
(미트복흐)

목요일
Donnerstag
(도너스탁)

금요일
Freitag
(프라이탁)

토요일
Samstag
(잠스탁)

JANUAR 2016

Son	Mon	Die	Mit	Don	Fre	Sam
					1	2
3	4	5	6	7	8	9
10	11	12	13	14	15	16
17	18	19	20	21	22	23
24	25	26	27	28	29	30
31						

독일 남부 지방 사람들은 토요일을 주로 Sonnabend(존아벤트)라고 해요.

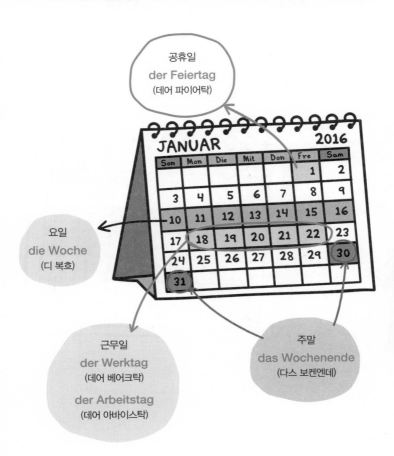

공휴일
der Feiertag
(데어 파이어탁)

JANUAR 2016

Son	Mon	Die	Mit	Don	Fre	Sam
					1	2
3	4	5	6	7	8	9
10	11	12	13	14	15	16
17	18	19	20	21	22	23
24	25	26	27	28	29	30
31						

요일
die Woche
(디 보흐)

근무일
der Werktag
(데어 베어크탁)

der Arbeitstag
(데어 아바이스탁)

주말
das Wochenende
(다스 보켄엔데)

CHAPTER 09

123

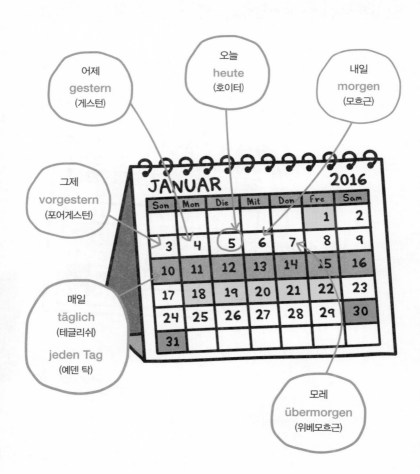

요일에 관련된 질문을 받아서 대답할 때는 '오늘은...'은 생략해도 좋아요.

'요일' 묻기

오늘은 무슨 요일이에요?

Was für ein Wochentag ist heute?
(바스 퓌어 아인 복흔탁 이스트 호이터)

(오늘은) 토요일이에요.
Ein Samstag.
(아인 잠스탁)

어제가 무슨 요일이었나요?

Was für ein Wochentag war
gestern?
(바스 퓌어 아인 복흔탁 바 게스턴)

(어제는) 금요일이었어요.
Ein Donnerstag.
(아인 도너스탁)

📖 Der Monat 월

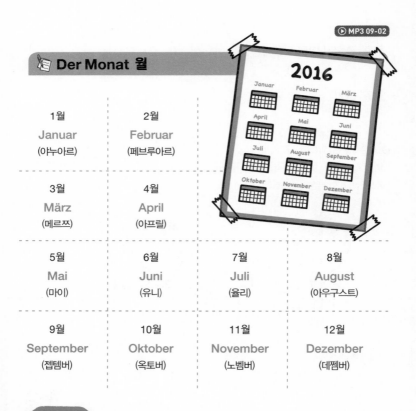

1월 **Januar** (야누아르)	2월 **Februar** (페브루아르)
3월 **März** (메르쯔)	4월 **April** (아프릴)

5월 **Mai** (마이)	6월 **Juni** (유니)	7월 **Juli** (율리)	8월 **August** (아우구스트)
9월 **September** (젭템버)	10월 **Oktober** (옥토버)	11월 **November** (노벰버)	12월 **Dezember** (데쩸버)

Memo

독일어는 유럽에서 세 개의 국가가 사용하는 언어이기 때문에 지역에 따라서 조금 다른 용어가 쓰이기도 해요. 독일 남부와 오스트리아 그리고 스위스에서 '1월'을 Janner(야너)라고 하고 오스트리아에서는 '2월'을 Feber(페버)라고 부르는 것처럼 말이에요.

'월'에 관련된 여러 가지 용어

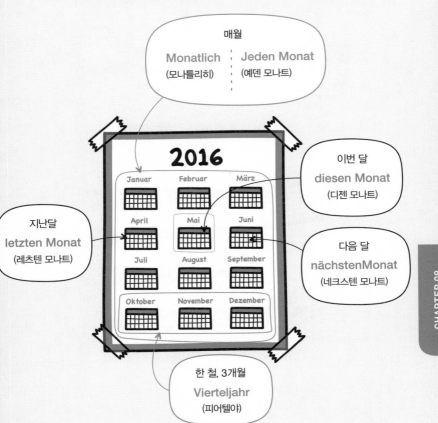

매월

Monatlich
(모나틀리히)

Jeden Monat
(예덴 모나트)

2016

Januar   Februar   März

April   Mai   Juni

Juli   August   September

Oktober   November   Dezember

이번 달
diesen Monat
(디젠 모나트)

지난달
letzten Monat
(레츠텐 모나트)

다음 달
nächstenMonat
(네크스텐 모나트)

한 철, 3개월
Vierteljahr
(피어텔야)

'월'에 관련된 질문

이번 달은 몇 월이에요?

Welchen Monat haben wir?
(벨흰 모나트 하벤 비어)

다음 달은 몇 월이에요?

Was ist der nächste Monat?
(바스 이스트 데어 네이스트 모나트)

저번 달은 몇 월이었어요?

Was war der letzte Monat?
(바스 바 데어 레츠테 모나트)

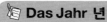

📝 Das Jahr 년

먼저 기원전(서기)과 기원후(서기), 그리고 불기를 약자로 어떻게 표기하는지 알아보겠습니다.

기원후(서기)	n.Chr.	nach Christus	(낙흐 크리스투스)
기원전	v.Chr.	vor Christus	(포어 크리스투스)
불기력	B.E.	Buddhist Era	(부디스트 에라)

이 약자들은 숫자의 앞에 위치해요. 예를 들어볼게요.

서기 1997년

1997 n.Chr.

neunzehn hundert siebenundneunzig nach Christus.
(노인첸 훈데르트 지벤운트노인찌히 낙흐 크리스투스)

불기력 2556년

2556 B.E.

zweitausend fünfhundert sechsundfünfzig B.E.
(쯔바이타우젠트 퓬프훈데르트 젝스운트퓬프찌히 베.에)

대화 도중 년에 대해 말할 때 서로가 서기라는 것을 알고 있다고 생각하기 때문에 서기라는 말을 굳이 하지 않고 바로 몇 년인지만 말해도 괜찮아요.

Prinz Georg는 2013년에 태어났어요.
Prinz Georg ist 2013 geboren.
(프린츠 게오르그 이스트 쯔바이타우젠트드라이첸 게보흔)

Prinz Georg는 2013년생이에요.
Prinz Georg ist im Jahre 2013 geboren.
(프린츠 게오르그 이스트 임 야레 쯔바이타우젠트드라이첸 게보흔)

※ im Jahre(임 야레)는 ~년에라는 뜻이에요. 넣지 않아도 상관은 없어요(im Jahr(임 야)라고도 함).

▶ MP3 09-04

 ## Das Datum 날짜

독일어로 날짜를 쓸 때는 영어와 같아서 '일, 월, 년'의 순으로 씁니다. 또 무슨 요일인지 함께 써도 돼요.

2016년 7월 26일 금요일
요일, 일, 월, 년
Freitag, 26.Juli 2013
(프라이탁, 젝스운트쯔반찌히 스텐 율리 쯔바이타우젠트드라이첸)

만약 무슨 요일인지는 말하지 않았다면 날짜 앞에 관사 der를 붙여야 한다는 것을
절대로 잊지 말아요!

2016년 7월 26일 금요일

관사, 일, 월, 년

der 26.Juli 2013

(데어 젝스운트쯔반찌히스테 율리 쯔바이타우젠트드라이첸)

이번에는 줄여 쓰는 법에 대해 알아볼게요. 이것 역시 영어와 같은데 특수문자 /를 온
점으로(.) 바꿔주면 돼요.

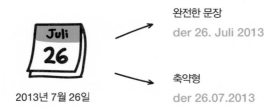

완전한 문장

der 26. Juli 2013

축약형

der 26.07.2013

2013년 7월 26일

날짜를 읽는 법

날짜를 읽는 방법은 서수와 같아요. 그리고 숫자 옆에 점 .은 서수라는 것을 뜻하는
거예요!

5월 1일

der 1. Mai

der erste Mai

(데어 에르스테 마이)

9월 24일

der 24. September

der vierundzwanzigste September

(데어 피어운트쯔반찌히스테 젭템버)

년도를 읽는 법

년도는 기수로 읽어요. 그런데 사실 두 가지 읽는 법이 있습니다. 첫 번째는 두 자리씩 끊어서 읽는 거예요. 1001 ~ 1999년까지를 읽을 때 사용해요.

1. 두 자리씩 끊어서 읽는 법

1998
십구백구십팔/1998년
neunzehn hundert
achtundneunzig
(노인첸 훈데르트 악흐트운트노인찌히)

1906
십구백육/1906년
neunzehn hundert sechs
(노인첸 훈데르트 젝스)

두 번째 방법은 보통 숫자를 읽는 방법대로 읽습니다. 2000년 이후의 년도를 읽을 때 사용합니다.

2. 보통 방법대로

2001
이천일/2001년
zweitausend eins
(쯔바이타우젠트 아인스)

2013
이천십삼/2013년
zweitausend dreizehn
(쯔바이타우젠트 드라이첸)

일, 월, 년도를 함께 읽는 방법

이번에는 앞에서 배운 것을 하나로 합쳐서 날짜를 처음부터 완전히 읽어봅시다.

서기 2001년 12월 2일

der 2.12.2001

der zweite zwölfte zweitausendeins.

(데어 쯔바이트 쯔뵐프터 쯔바이타우젠트아인스)

서기 1990년 9월 25일

der 25.09.1990

der fünfundzwanzigste neunte neunzehnhundert neunzig.

(데어 퓬프운트쯔반찌히스테 노인데 노인첸훈데르트 노인찌히)

서기 1997년 9월 13일

der 13. September 1997 n.Chr.

der dreizehnte September neunzehnhundert

siebenundneunzig nach Christus.

(데어 드라이첸데 젭템버 노인첸훈데르트 지벤운트노인찌히 낙흐 크리스투스)

불기 2558년 4월 24일

der 24. April 2558 B.E.

der vierundzwanzigste April zweitausend

fünfhundert achtundfünfzig B.E.

(데어 피어운트쯔반찌히스테 아프릴 쯔바이타우젠트

퓬프훈데르트 악흐트운트퓬프찌히 베.에)

날짜에 대한 질문

어제는 며칠이었어요?
Der wievielte war gestern?
(데어 비필테 바 게스턴)

오늘은 며칠이에요?
Der wievielte ist heute?
(데어 비필테 이스트 호이터)

내일은 며칠이에요?
Der wievielte ist morgen?
(데어 비필테 이스트 모흐근)

날짜 알려주기

상대방이 어제든, 오늘이든, 혹은 내일이든 날짜를 물어봤다면 간단한 문장으로 대답해주면 돼요.

7월 2일
Der zweite Juli.
(데어 쯔바이테 율리)

8월 3일
Der dritte August.
(데어 드리테 아우구스트)

📝 Das Sternzeichen 별자리

독일은 우리나라처럼 12가지 동물로 띠를 나누는 방식이 없지만 별자리는 동일한 방식을 채택하고 있어요. 뿐만 아니라 전 세계가 동일하게 별자리별 운세를 점치는 풍조가 있어요.

염소자리
Steinbock
(슈타인보크)

물병자리
Wassermann
(바써만)

물고기자리
Fische
(피셔)

양자리
Widder
(비더)

황소자리
Stier
(슈티어)

쌍둥이자리
Zwillinge
(쯔비리링어)

CHAPTER 09

게자리

Krebs

(크랩스)

사자자리

Löwe

(뢰베)

처녀자리

Jungfrau

(융프라우)

천칭자리

Waage

(바거)

전갈자리

Skorpion

(스코피온)

사수자리

Schütze

(슈이쩨)

생일

독일어에는 생일을 말하는 방법이 두 가지가 있습니다.

1. 보통형 : 친구나 후배에게 말할 때
2. 존칭형 : 선배나 친하지 않은 사람에게 말할 때

그렇기 때문에 다른 사람의 생일을 물어볼 때는 반드시 적절한 표현 방법을 사용해야 해요!

존칭형 → Wann haben Sie Geburtstag?
(반 하벤 지 게부어츠탁)

보통형 → Wann hast du Geburtstag?
(반 하스트 두 게부어츠탁)

생일이 언제예요?

- -

존칭형 → In welchem Monat haben Sie Geburtstag?
(인 벨힘 모나트 하벤 지 게부어츠탁)

보통형 → In welchem Monat hast du Geburtstag?
(인 벨힘 모나트 하스트 두 게부어츠탁)

생일이 며칠이에요?

몇 년생이에요?

존칭형 →
In welchem Jahr haben
Sie Geburtstag?
(인 벨휨 야 하벤 지 게부어츠탁)

보통형 →
In welchem Jahr hast du
Geburtstag?
(인 벨휨 야 하스트 두 게부어츠탁)

**너/당신은 무슨
자리(별자리)에요?**

존칭형 →
Welches Sternzeichen sind Sie?
(벨헤스 슈테른짜이하켄 진트 지)

보통형 →
Welches Sternzeichen bist du?
(벨헤스 슈테른짜이히켄 비스트 두)

생일에 대한 대답

날짜나 월에 대해 말할 때 전치사가 올바르게 쓰였는지 주의해야 합니다. 뿐만 아니라 뒤에 사용하는 숫자는 반드시 여격(3격) Dativ의 형식을 취해야 합니다.

> am(an + dem) + 일, 날짜(여격)

1월 10일.

Am 10.Januar.

(암 첸텐 야누아르)

내 생일은 6월 2일이에요.

Mein Geburtstag ist am 2.Juni.

(마인 게부어츠탁 이스트 암 쯔바이텐 유니)

> im(in + dem) + 월

12월.

Im Dezember.

(임 데쩸버)

나는 3월에 태어났어요.

Ich bin im März geboren.

(이히 빈 임 메르츠 게보흔)

년도와 별자리는 전치사를 사용하지 않고 그대로 쓰면 돼요.

1981년 출생.
Neunzehnhundert einundachtzig.
(노인첸훈데르트 아인운트악흐트찌히)

나는 2000년에 태어났어요.
Ich bin 2000 geboren.
(이히 빈 쯔바이타우젠트 게보흔)

천칭자리.
Waage.
(바게)

나는 산양자리예요.
Ich bin Steinbock.
(이히 빈 슈타인보크)

CHAPTER
10

시간은 금이야!

Zeit ist Geld!

독일 사람들은 시간관념을 매우 중시하고, 일의 효율과 시간의 가치를 매우 중요하게 생각합니다. 그래서 'Zeit ist Geld(짜이트 이스트 겔트)' '시간은 금이다' 같은 말이 나오는 것이죠.

시간 준수는 독일 사람들에게 매우 중요한 일이에요. 수업이든 회의시간이든 관계없이 모두 해당되는 말이에요.

▶ MP3 10-01

📝 Die Zeit 시간

분
die Minute
(디 미누트)

시
die Stunde
(디 슈툰드)

초
die Sekunde
(디 제쿤드)

시간 물어보기

지금 몇 시예요?

Wie spät ist es?
(비 슈페트 이스트 에스)

Wieviel Uhr ist es?
(뷔필 우어 이스트 에스)

시간 대답하기

지금은 ~시예요.

Es ist ...
(에스 이스트)

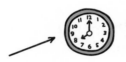

8:00

(Es ist) acht Uhr.
(에스 이스트 악흐트 우어)

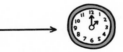

13:00

(Es ist) dreizehn Uhr.
(에스 이스트 드라이첸 우어)

1:00

Ein Uhr.
(아인 우어)

🖎 Angabe der Uhrzeit 시간 읽는 법

독일어로 시간을 읽는 방법은 영어와 단어가 다를 뿐 완전히 똑같습니다. 읽는 방법은 두 가지로 나눌 수 있는데 하나는 공식적으로 표현하는 방법, 다른 하나는 일상적으로 표현하는 방법이에요.

공식적인 표현 방법

시간을 공식적인 방법으로 읽는 법은 몇 시, 몇 분인지 그대로 말하는 겁니다. 몇 시인지 말한 후 뒤에 Uhr(우어)를 붙이지만 몇 분인지 말한 후에는 아무것도 붙일 필요가 없어요.

시간 ╋ Uhr(우어) ╋ 분

6:15
sechs Uhr fünfzehn
(젝스 우어 퓬프첸)

9:05
neun Uhr fünf
(노인 우어 퓬프)

시간을
공식적으로
표현하는 방법

9:45
neun Uhr fünfundvierzig
(노인 우어 퓬프운트피어찌히)

18:30
achtzehn Uhr dreißig
(아크첸 우어 드라이씨히)

시간을 읽는 일상적인 표현 방법

시간을 읽는 일상적인 표현 방법은 여러 가지가 있어요.

1. 1~20분은 nach(낙흐)를 써서 몇 분이 지났는지 나타내요.

6:05	fünf nach sechs	(퓬흐 낙흐 젝스)	6시에서 5분이 지남
6:10	zehn nach sechs	(첸 낙흐 젝스)	6시에서 10분이 지남
6:12	zwölf nach sechs	(쯔빌프 낙흐 젝스)	6시에서 12분이 지남

2. 15~45분은 Viertel(피어텔)를 사용해요(V는 반드시 대문자로 써야 함).

6:15	Viertel nach sechs	(피어텔 낙흐 젝스)	6시에서 15분이 지남
6:45	Viertel vor sieben	(피어텔 포어 지븐)	7시까지 15분이 남음

3. 30분은 halb(할프)를 사용해요. ~시까지 반 시간 남았다는 의미예요.

6:30	halb sieben	(할프 지븐)	7시까지 반 시간 남음
10:30	halb elf	(할프 엘프)	11시까지 반 시간 남음

4. 40~59분은 vor(포어)를 사용해요. ~시까지 ~분 남았다는 의미예요.

6:50	zehn vor sieben	(첸 포어 지븐)	7시까지 10분 남음
10:55	fünf vor elf	(퓬프 포어 엘프)	11시까지 5분 남음

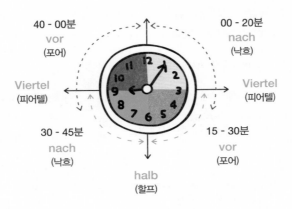

40 - 00분
vor
(포어)

00 - 20분
nach
(낙흐)

Viertel
(피어텔)

Viertel
(피어텔)

30 - 45분
nach
(낙흐)

15 - 30분
vor
(포어)

halb
(할프)

시간 말하기 연습

공식적인 방법 Die offizielle Uhrzeit (디 오피찌엘레 우어짜이트)	일상적인 방법 Die Uhrzeit in der Umgangssprache (디 우어짜이트 인 데어 움강스슈프하헤)
8.00 : Es ist acht Uhr. (에스 이스트 악흐크트 우어) **20.00** : Es ist zwanzig Uhr. (에스 이스트 쯔반찌히 우어)	(Es ist) acht. (에스 이스트 악흐크트)
8.05 : Es ist acht Uhr fünf. (에스 이스트 악흐크트 우어 퓸프) **20.05** : Es ist zwanzig Uhr fünf. (에스 이스트 쯔반찌히 우어 퓸프)	(Es ist) fünf nach acht. (에스 이스트 퓸프 낙흐 악흐크트)

공식적인 방법 Die offizielle Uhrzeit (디 오피찌엘레 우어짜이트)	일상적인 방법 Die Uhrzeit in der Umgangssprache (디 우어짜이트 인 데어 움강스슈프하혜)
8.10 : Es ist acht Uhr zehn. (에스 이스트 악흐크트 우어 첸) **20.10**: Es ist zwanzig Uhr zehn. (에스 이스트 쯔반찌히 우어 첸)	(Es ist) zehn nach acht. (에스 이스트 첸 낙흐 악흐크트)
8.15 : Es ist acht Uhr fünfzehn. (에스 이스트 악흐크트 우어 퓬프첸) **20.15**: Es ist zwanzig Uhr fünfzehn. (에스 이스트 쯔반찌히 우어 퓬프첸)	(Es ist) Viertel nach acht. (에스 이스트 피어텔 낙흐 악흐크트)
8.20 : Es ist acht Uhr zwanzig. (에스 이스트 악흐크트 우어 쯔반찌히) **20.20**: Es ist zwanzig Uhr zwanzig. (에스 아스트 쯔반찌히 우어 쯔반찌히)	(Es ist) zwanzig nach acht. / zehn vor halb neun. (에스 이스트 쯔반찌히 낙흐 악흐크트/ 첸 포어 할프 노인)
8.25 : Es ist acht Uhr fünfundzwanzig. (에스 이스트 악흐크트 우어 퓬프운트쯔반찌히) **20.25**: Es ist zwanzig Uhr fünfundzwanzig. (에스 이스트 쯔반찌히 우어 퓬프운트쯔반찌히)	(Es ist) fünf vor halb neun. (에스 이스트 퓬프 포어 할프 노인)
8.30 : Es ist acht Uhr dreißig. (에스 이스트 악흐크트 우어 드라이씨히) **20.30**: Es ist zwanzig Uhr dreißig. (에스 이스트 쯔반찌히 우어 드라이씨히)	(Es ist) halb neun. (에스 이스트 할프 노인)

공식적인 방법 Die offizielle Uhrzeit (디 오피찌엘레 우어짜이트)	일상적인 방법 Die Uhrzeit in der Umgangssprache (디 우어짜이트 인 데어 움강스슈프하혜)
8.35 : Es ist acht Uhr fünfunddreißig. (에스 이스트 악흐크트 우어 퓬프운트드라이씨히) **20.35** : Es ist zwanzig Uhr fünfunddreißig. (에스 이스트 쯔반찌히 우어 퓬프운트드라이씨히)	(Es ist) fünf nach halb neun. (에스 이스트 퓬프 낙흐 할프 노인)
8.40 : Es ist acht Uhr vierzig. (에스 이스트 악흐크트 우어 피어찌히) **20.40** : Es ist zwanzig Uhr vierzig. (에스 이스트 쯔반찌히 우어 피어찌히)	(Es ist) zwanzig vor neun. / zehn nach halb neun. (에스 이스트 쯔반찌히 포어 노인 / 첸 낙흐 할프 노인)
8.45 : Es ist acht Uhr fünfundvierzig. (에스 이스트 악흐크트 우어 퓬프운트피어찌히) **20.45** : Es ist zwanzig Uhr fünfundvierzig. (에스 이스트 쯔반찌히 우어 퓬프운트피어찌히)	(Es ist) Viertel vor neun. (에스 이스트 피어텔 포어 노인)
8.50 : Es ist acht Uhr fünfzig. (에스 이스트 악흐크트 우어 퓬프찌히) **20.50** : Es ist zwanzig Uhr fünfzig. (에스 이스트 쯔반찌히 우어 퓬프찌히)	(Es ist) zehn vor neun. (에스 이스트 첸 포어 노인)

공식적인 방법 Die offizielle Uhrzeit (디 오피찌엘레 우어짜이트)	일상적인 방법 Die Uhrzeit in der Umgangssprache (디 우어짜이트 인 데어 움강스슈프하헤)
8.55 : Es ist acht Uhr fünfundfünfzig. (에스 이스트 악흐크트 우어 퓬프운트퓬프찌히)	(Es ist) fünf vor neun. (에스 이스트 퓬프 포어 노인)
20.55 : Es ist zwanzig Uhr fünfundfünfzig. (에스 이스트 쯔반찌히 우어 퓬프운트퓬프찌히)	
9.00 : Es ist neun Uhr. (에스 이스트 노인 우어)	(Es ist) neun. (에스 이스트 노인)
21.00 : Es ist einundzwanzig Uhr. (에스 이스트 아인운트 쯔반찌히)	

일상적인 방법에는 낮이든 밤이든 모두 같은 표현을 사용하는 것을 발견하셨나요? 그래서 서로 오해가 생기는 것을 막기 위해서 낮과 밤을 나타내는 단어를 사용할 필요가 있습니다. 시간을 나타내는 단어에는 어떤 것들이 있는지 알아보도록 할게요!

▶ MP3 10-02

📝 Die Nacht und der Tag 낮과 밤을 표현하는 단어

낮과 밤을 나타내는 단어는 전치사 'am(암) + 때'를 사용하는데, 밤과 늦은 밤은 여성이기 때문에 in(인)이나 um(움)을 사용해야 해요.

아침	am Morgen	(암 모흐겐)
정오 전(10:00 ~ 11:59)	am Vormittag	(암 포미탁)
정오	am Mittag	(암 미탁)
오후(12:01 ~ 18:00)	am Nachtmittag	(암 낙흐크미탁)
저녁	am Abend	(암 아벤트)
밤	in der Nacht	(인 데어 낙크트)
늦은 밤	um Mitternacht	(움 미터낙흐크트)

낮과 밤을 나타내는 단어는 시간 뒤에 위치합니다. 이 단어들은 부사 Adverbien(아드베르비엔)의 역할을 하기 때문에 첫 글자를 대문자로 쓸 필요가 없고 전치사를 넣을 필요도 없이 단어 뒤에 s만 붙여주면 돼요.

새벽 3시
3 Uhr morgens
(드라이 우어 모흐겐츠)

오후 3시
3 Uhr nachmittags
(드라이 우어 낙흐크미탁스)

오후 5시
5 Uhr abends
(퓬프 우어 아벤츠)

정오
12 Uhr mittags
(쯔뵐프 우어 미탁스)

밤
12 Uhr nachts
(쯔뵐프 우어 낙흐크츠)

Es ist schon spät ! 늦었어요!

독일 사람들은 시간관념을 매우 중시한다고 했죠? 그렇기 때문에 독일 사람과 만날 때는 약속 시간을 매우 중요하게 생각해야 합니다. 예상하지 못한 상황이 발생할 수도 있음을 대비해서 아래의 표현들을 확실하게 외워두세요!

일찍 오다
früh
(프휘)

일찍 왔네요.
Du bist früh.
(두 비스트 프휘)

늦게 오다
spät
(슈페트)

늦게 왔네요.
Du bist spät dran.
(두 비스트 슈페트 트한)

딱 맞춰 오다
pünktlich
(퓐크틀리히)

딱 맞춰 오세요.
Sei bitte pünktlich.
(자이 비터 퓐크틀리히)

적시의, 제때의
rechtzeitig
(레히트짜이티히)

제때에 오세요.
Du kommst gerade
rechtzeitig an.
(두 큼스트 게라데 레히트짜이티히 안)

CHAPTER 10

151

CHAPTER
11

계절과 날씨
Jahreszeiten und Wetter

독일은 다른 고위도의 국가들처럼 1년 사계절이 매우 뚜렷한 편입니다. 계절은 우리 생활 중에서 일과 휴식, 명절, 휴가 등 시간을 맞추는데 큰 영향을 미칩니다. 대부분의 사람들은 독일의 봄과 여름을 좋아해요. 날씨가 좋아서 여행하기 매우 편하기 때문이에요.

독일의 봄 날씨는 매우 변화무쌍해서 어떤 날은 하루에 사계절의 날씨를 모두 만날 수 있습니다. 가을에는 낙엽들이 모두 갈색으로 변해서 햇빛을 받으면 금색처럼 보이기 때문에 이보다 더 낭만적일 수 없을 거예요. 겨울에는 정말 너무 추워서 칙칙한 느낌이 들 수도 있습니다.

▶ MP3 11-01

📝 Die Jahreszeiten 사계절

지구 온난화 현상은 우리 생활에 많은 변화를 가져왔습니다. 그로 인해 과일이 열매를 맺는 속도가 빨라지기도 했지만 여름에는 너무 더워서 무더위 Hitzewelle(히쩨벨레)가 오게 되었고, 겨울이 짧아졌으며, 일부 지역에서는 눈이 오는 양이 줄어들었습니다. 하지만 사계절은 아직도 분명히 존재합니다

봄	여름	가을	겨울
(3월~5월)	(6월~8월)	(9월~11월)	(12월~2월)
der Frühling	der Sommer	der Herbst	der Winter
(데어 프륄링)	(데어 좀머)	(데어 헤어프스트)	(데어 빈터)

기타 계절들

독일에는 없지만 다른 계절에 대해서 얘기하려면 이렇게 하세요.

건조기
die Trockenzeit
(디 트로켄짜이트)

우기(장마)
die Regenzeit
(디 레겐짜이트)

태풍기
die Monsunzeit
(디 몬준짜이트)

📝 Die Temperatur 온도

일기예보를 보면 온도를 이야기하는 걸 볼 수 있을 겁니다. 독일에서 온도는 섭씨 Celsius(셀지우스)를 사용해서 표현하고, 단위 도는 Grad(그라트)로 표기합니다.

지금 몇 도예요?
Wie hoch ist die
Temperatur?
(비 호크 이스트 디 템퍼라투어)

154

온도를 말하는 방법은 여러 가지가 있어요.

Es sind fünfzehn Grad.
(에스 진트 퓬프첸 그라트)

Es ist fünfzehn Grad.
(에스 이스트 퓬프첸 그라트)

Fünfzehn Grad.
(퓬프첸 그라트)

영하의 온도는 이렇게 표현해요.

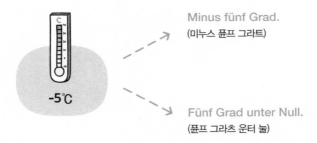

Minus fünf Grad.
(미누스 퓬프 그라트)

Fünf Grad unter Null.
(퓬프 그라츠 운터 눌)

📝 Das Wetter 날씨

어느 나라든, 혹은 어떤 이야기를 하든 처음 보게 된 사람과 무슨 말을 해야 할지 모르겠다면 날씨에 대해 이야기해보세요. 이번에는 날씨에 관한 대화는 어떤 것들이 있는지 알아볼게요. 독일 사람과 대화할 기회가 생긴다면 주저하지 말고 한번 이야기해봐요!

날씨 물어보기

오늘 날씨 어때요?
Wie ist das Wetter heute?
(비 이스트 다스 베터 호이터)

거기 날씨는 어때요?
Wie ist das Wetter da?
(비 이스트 다스 베터 다)

일기예보에서 뭐라 그랬어요?
Was sagt der Wetterbericht?
(바스 자크트 데어 베터베리히트)

날씨에 대해서 이야기하기

독일어로 날씨를 말할 수 있는 표현은 굉장히 많습니다. 아래의 문장들은 완전한 문장들이기 때문에 처음 배우는 사람도 쉽게 말할 수 있을 거예요!

일기예보
die Wettervorhersage
(디 베터포헤어자거)

날씨가 맑아요.
Es ist heiter.
(에스 이스트 하이터)

해가 나왔어요.
Es ist sonnig.
(에스 이스트 조닉)

날씨가 매우 좋아요.
Es ist herrlich.
(에스 이스트 헤를리히)

날씨가 매우 따뜻해요.
Es ist warm.
(에스 이스트 바름)

날씨가 매우 더워요.
Es ist heiß.
(에스 이스트 하이쓰)

날씨가 딱 좋아요.
Es ist angenehm.
(에스 이스트 안게넴)

날씨가 매우 추워요.

Es ist kalt.

(에스 이스트 칼트)

얼어죽을 것 같아요.

Es friert.

(에스 프리에르트)

날씨가 후덥지근해요.

Es ist schwül.

(에스 이스트 슈뷜)

태풍이 발생했어요.

Es gibt Sturm.

(에스 갑트 슈투름)

우박이 내려요.

Es hagelt.

(에스 하겔트)

천둥이 떨어져요.

Es donnert.

(에스 도네르트)

번개가 쳐요.

Es blitzt.

(에스 블리쯔트)

비가 와요.

Es regnet.

(에스 레그네트)

비가 많이 와요.

Es ist regnerisch.

(에스 이스 레그네리쉬)

뇌우(비와 번개)가 내려요.

Es gibt Gewitter.

(에스 깁트 게비터)

구름이 많아요.

Es ist bewölkt.

(에스 이스트 베뵐크트)

바람이 많이 불어요.

Es ist windig.

(에스 이스트 빈딕)

눈이 내려요.

Es schneit.

(에스 슈나이트)

서리가 생겼어요.

Es gibt Frost.

(에스 깁트 프로스트)

안개가 꼈어요.

Es gibt Nebel.

(에스 깁트 네벨)

계절풍이 발생했어요.

Es gibt Monsun.

(에스 깁트 몬준)

조금 다른 방식으로 말하는 법도 굉장히 많아요. 예를 들어볼게요.

날씨가 안 좋아(대화할 때 쓰는 말)
So ein Sauwetter!
(조 아인 지우베터)

비가 억수같이 내려요.
Es regnet Bindfäden.
(에스 레그네트 빈트페든)

땀을 엄청나게 흘렸어요.
Ich schwitze.
(이히 슈비쩨)

너무 추워요.
Mir ist kalt.
(미어 이스트 칼트)

밖이 다 얼어버릴 정도로 추워요.
Es ist frostig draußen.
(에스 이스트 프로스티히 드라우쎈)

옷을 많이 입어야 해요!
Zieh dich warm an!
(지에 디히 바름 안)

우리의 몸
Unser Körper

우리의 몸과 관련된 말은 굉장히 중요합니다. 몸이 아파서 의사 선생님을 뵈러 갔을 때 아픈 부위가 어딘지 말할 수 있어야 하기 때문이에요. 어디가 아픈지 정확하게 말할 수 있어야 의사 선생님이 보다 빠르게 아픈 부위를 치료해주실 수 있겠죠?

▶ MP3 12-01

✎ Von Kopf bis Fuß 머리부터 발끝까지

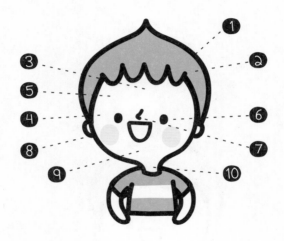

1. 머리	der Kopf	(데어 코프)
2. 머리카락	das Haar	(다스 하)
3. 이마	die Stirn	(디 슈티흔)
4. 관자놀이	die Schläfe	(디 슐레페)
5. 얼굴	das Gesicht	(다스 그지씨트)

6. 눈	das Auge	(다스 아우거)
7. 코	die Nase	(디 나저)
8. 귀	das Ohr	(다스 오어)
9. 턱	das Kinn	(다스 킨)
10. 목	der Hals	(데어 할스)

11. 아래턱	der Unterkiefer	(데어 운티키퍼)
12. 볼	die Backe	(디 바커)
13. 속눈썹	die Wimper	(디 빔퍼)
14. 눈썹	die Augenbraue	(디 아우겐브라우에)
15. 콧구멍	die Nasenlöcher	(디 나젠뢰혀)
16. 입술	die Lippe	(디 리퍼)
17. 잇몸	das Zahnfleisch	(다스 짠플라이쉬)
18. 치아	die Zähne	(디 쩨너)
19. 입	der Mund	(데어 문트)
20. 혀	die Zunge	(디 쭝어)

📝 Gesichtsmerkmale 안면의 특징들

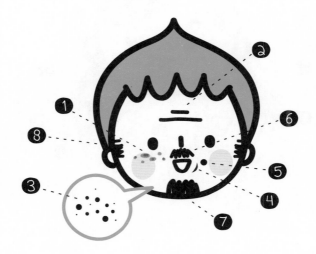

1. 주근깨	die Sommersprosse	(디 좀머슈프로쎄)
2. 주름	die Falte	(디 팔터)
3. 모공	die Pore	(디 포허)
4. 보조개	das Grübchen	(다스 그륍션)
5. 반점	das Muttermal	(다스 무터말)
6. 콧수염	der Schnurbart	(데어 슈누어바흐트)
7. 턱수염	der Bart	(데어 바흐트)
8. 구레나룻	der Backenbart	(데어 바켄바흐트)

📝 Hand 손

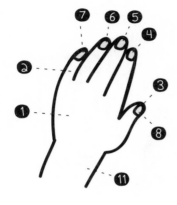

1. 손	die Hand	(디 한트)
2. 손가락	der Finger	(데어 핑어)
3. 엄지	der Daumen	(데어 다우멘)
4. 검지	der Zeigefinger	(데어 짜이게핑어)
5. 중지	der Mittelfinger	(데어 미텔핑어)
6. 약지	der Ringfinger	(데어 링핑어)
7. 새끼손가락	der kleine Finger	(데어 클라이네 핑어)
8. 손톱	der Fin]agel	(데어 핑어나걸)
9. 주먹	die Faust	(디 파우스트)
10. 손바닥	die Handfläche	(디 한트플레셰)
11. 손목	das Handgelenk	(다스 한트게렝크)

Fuß 발

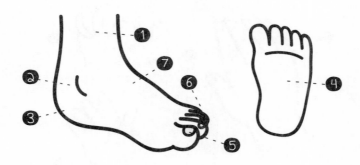

1. 발목	der Knöchel	(데어 크뇌헬)
2. 복사뼈	der Fußknöchel	(데어 푸쓰크뇌헬)
3. 발꿈치	die Ferse	(디 페허제)
4. 발바닥	die Fußsohle	(디 푸쓰졸러)
5. 발톱	der Zehennagel	(데어 쩨엔나글)
6. 발가락	der Zeh	(데어 쩨에)
7. 발등	der Spann	(데어 슈판)

(▶) MP3 12-05

📝 Der Körper 몸

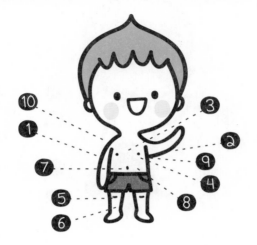

1. 팔	der Arm	(데어 암)
2. 팔꿈치	der Ellenbogen	(데어 엘렌보근)
3. 가슴	die Brust	(디 브루스트)
4. 젖꼭지	die Brustwarze	(디 브루스트바르쩨)
5. 무릎	das Knie	(다스 크니)
6. 정강이	das Schienbein	(다스 쉰바인)
7. 배꼽	der Nabel	(데어 나블)
8. 배	der Bauch	(데어 바흐크)
9. 겨드랑이	die Achselhöhle	(디 악흐젤휠레)
10. 어깨	die Schulter	(디 슐터)

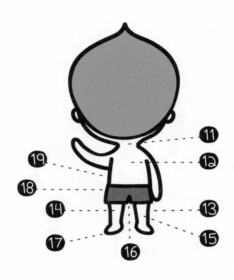

11. 목덜미	der Nacken	(데어 나큰)
12. 등	der Rücken	(데어 뤼큰)
13. 정강이	das Bein	(다스 바인)
14. 허벅지	der Oberschenkel	(데어 오버쉔클)
15. 장딴지	die Wade	(디 바데)
16. 성기	die Geschlechtsteile	(디 게슐레히츠타일러)
17. 다리	der Fuß	(데어 푸쓰)
18. 엉덩이	die Hüfte	(디 휘프테)
19. 허리	die Taille	(디 타일레)

CHAPTER
13

외모

Das Aussehen

독일은 미남미녀로 유명한 나라는 아니에요. 하지만 독일에서도 역시 클라우디아 쉬퍼(Claudia Schiffer)나 하이디 클룸(Heidi Klum) 같은 모델들이 있고, 유명한 영화 트로이에 나오는 다이앤 크루거(Diane Kruger) 같은 여배우도 있어요. 이들은 모두 세계에서 유명한 미녀들이에요. 독일도 미남미녀가 아예 없다고만은 할 수 없겠죠?

▶ MP3 13-01

 ## Das Aussehen 외모

일반적인 특징

원형
das runde Gesicht
(다스 룬데 게쥐씨트)

각진형
das quadratische Gesicht
(다스 쿠바드라티셰 게쥐씨트)

계란형
das ovale Gesicht
(다스 오빌레 게쥐씨트)

삼각형/하트형
das herzförmige Gesicht
(다스 헤르쯔푀르미게 게쥐씨트)

큰 눈

groβe Augen

(그로쎄 아우건)

작은 눈

kleine Augen

(클라이네 아우건)

보조개

mit Grübchen

(미트 그륍헨)

예쁘다 / 잘생겼다

schön/

hübsch

(숀, 휩쉬)

귀엽다

süβ

niedlich

(쥬이스, 니틀리히)

보기 좋다

gutaussehend

(구트 아우스제헨트)

매력적인

attraktiv

(아트락티브)

못생긴

häβlich

(헤쓸리히)

세련된

schick

(쉬크)

📝 Die Körperform 체형

키가 큰	키가 작은	평범한	뚱뚱한
groß	klein	mittelgroß	dick
(그로쓰)	(클라인)	(미텔그로쓰)	(디크)

근육질의
muskulös
(무스쿨뤼스)

마른	건강한	살찐
dünn/	gesund	beleibt
mager	(게준트)	(베라입트)
(듄/마거)		

몸매가 좋은
gute Figur
(구테 피구어)

날씬한
schlank
(슐랑크)

빼빼 마른
nur Haut und Knochen
(누어 하우트 운트 크노켄)

피부가 하얀
helle Haut
(헬레 하우트)

피부가 검은
dunkle Haut
(둥클레 하우트)

173

📝 얼굴과 몸매를 묘사하는 방법

대화 도중 다른 사람의 생김새를 물어보고 싶을 때가 있을 거예요. 심지어 잘 모르는 사람일지라도 말이죠! 만약 다른 사람의 생김새에 대해 물어보고 싶다면 이렇게 물어보세요.

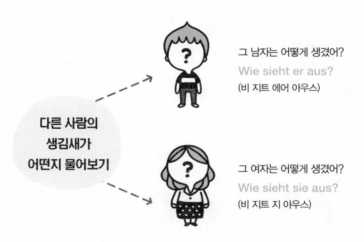

그 남자는 어떻게 생겼어?
Wie sieht er aus?
(비 지트 에어 아우스)

다른 사람의
생김새가
어떤지 물어보기

그 여자는 어떻게 생겼어?
Wie sieht sie aus?
(비 지트 지 아우스)

생김새나 몸매를 묘사하는 동사는 두 가지가 있어요. 그중 하나는 sein(자인) '~는'이며 나머지 하나는 haben(하벤) '있다'예요. 이번에는 이 동사들을 어떻게 사용하는지에 대해 알아볼게요.

📝 sein을 사용해서 얼굴이나 몸매 묘사하기

sein(자인) 동사는 '~는'의 뜻을 가지고 있으며 형용사와 연결돼요.

주어	+	는 sein (자인)	+	형용사

나는~	Ich (이히)	bin (빈)	...
너는~	Du (두)	bist (비스트)	...
당신은~	Sie (지)	sind (진트)	...
그는~	Er/Sie/Es (에어/지/에스)	ist (이스트)	...
우리는~	Wir (비어)	sind (진트)	...
너희들은	Ihr (이어)	seid (자이트)	...
당신들은	Sie (지)	sind (진트)	...

나는 평균 신장이에요.
Ich bin mittelgroß.
(이히 빈 미텔그로쓰)

당신은 크고 말랐어요.
Sie sind groß und schlank.
(지 진트 그로쓰 운트 슐랑크)

이 여자 아이는 매우 귀여워요.
Dieses Mädchen ist niedlich.
(디제스 멧헨 이스트 니틀리히)

그는 매우 크고, 살도 많아요.
Er ist groß und beleibt.
(에어 이스트 그로쓰 운트 베라입트)

haben을 사용해서 얼굴이나 몸매 묘사하기

haben(하벤) 동사는 '있다'의 뜻을 가지고 있으며 명사와 연결돼요.

```
                        있다
        주어      ┿    haben     ┿    명사(목적격)
                       (하벤)
```

나는~	Ich (이히)	habe (하베)	...
너는~	Du (두)	hast (하스트)	...
당신은~	Sie (지)	haben (하벤)	...
그는~	Er/Sie/Es (에어/지/에스)	hat (하트)	...
우리는~	Wir (비어)	haben (하벤)	...
너희들은~	Ihr (이어)	habt (합트)	...
당신들은	Sie (지)	haben (하벤)	...

그녀는 매우 좋은 몸매를 가지고 있어요.

Sie hat eine gute Figur.

(지 하트 아이네 구트 피구어)

그녀는 보조개가 있어요.

Sie hat Grübchen.

(지 하트 그륍헨)

그녀들은 모두 계란형 얼굴을
가지고 있어요.

Sie haben ovale Gesichter.

(지 하벤 오발레 게쥐씨터)

그는 수염이 있어요.

Er hat einen Bart.

(에어 하트 아이넨 바르트)

✍ 매우 ~ 하다

보통 수다를 떨거나 가십거리를 얘기할 때 평범하게 이야기하지는 않을 겁니다. 주로
형용사나 부사를 더해서 상황을 더 강조할 거예요. 매우~, 정말~ 혹은 엄청~ 같은
말로 말이죠. 독일어에도 이런 부사들이 있어요. 형용사의 바로 앞에 사용하면 돼요.

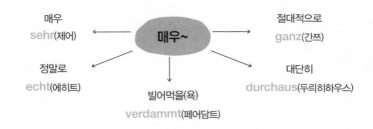

매우 sehr(제어)		절대적으로 ganz(간쯔)
정말로 echt(에히트)		대단히 durchaus(두리히하우스)
	빌어먹을(욕) verdammt(페어담트)	

매우~   +   형용사

그녀는 매우 아름다워요.
Sie ist sehr schön.
(지 이스트 제어 슌)

그는 정말 멋져요.
Er ist echt gutaussehend.
(에어 이스트 에히트 구트아우스제헨트)

그 아이는 매우 귀여워요.
Das Kind ist ganz niedlich.
(다스 킨트 이스트 간쯔 니틀리히)

CHAPTER
14

여러 사람들

Menschentypen

독일은 다른 선진국들처럼 고령인구의 비율이 점점 더 높아지고 있습니다. 게다가 출생률이 점점 낮아지고 있는 이런 현상을 우리는 고령화 사회 die alternde Gesellschaft(디 알터른데 게젤샤프트)라고 불러요. 고령화 사회의 주요 원인은 여성들의 결혼 의지가 낮아졌고, 이미 결혼한 부부들도 아이를 1~2명밖에 낳지 않기 때문이에요.

▶ MP3 14-01

✍ Das Alter 나이

남성
der Mann
(데어 만)

여성
die Frau
(디 프라우)

아이
das Kind
(다스 킨트)

어린아이
das Baby
(다스 베이비)

남자 아이
der Junge
(데어 융어)

여자 아이
das Mädchen
(다스 멧헨)

청소년
der/
die Jugendliche
(데어/디 유건틀리헤)

청년
die Jugend
(디 유건트)

어른
der/
die Erwachsene
(데어/디 에어박쎄너)

노인
das Alter
(다스 알터)

중년 남성
der Mann mittleren Alters
(데어 만 미틀러렌 알터스)

중년 여성
die Frau mittleren Alters
(디 프라우 미틀러렌 알터스)

장애우

der/die Behinderte

(데어/디 베힌데르테)

언어 장애우

der/die
Stumme

(데어/디 슈툼머)

청각 장애우

die gehörlose/
taube Person

(디 게회로저/타우베 페르존)

시각장애우

der/die Blinde

(데어/디 블린더)

색각 장애우

die farbenblinde Person

(디 파르벤블린더 페르존)

명사 앞에 관사가 붙는 경우를 보았을 거예요. 바로 그 명사가 남성과 여성 모두 쓰일 수 있다는 걸 의미합니다. 그렇기 때문에 대상의 성별에 따라서 알맞은 관사를 사용해야 해요.

여자 청소년
die Jugendliche
(디 유건틀리헤)

남자 청소년
der Jugendliche
(데어 유건틀리헤)

▶ MP3 14-02

📝 Die Anreden 칭호

대부분의 독일 사람은 상대방을 부를 때 성씨를 불러요. 만약 상대방을 부를 때 조심하지 않으면 매우 예의 없는 사람으로 취급받을 수도 있어요. 그리고 다른 사람을 부를 때 반드시 호칭을 써야 한다는 걸 잊지 말아요. 상대방에 대한 존중은 반드시 필요하기 때문입니다!

~씨
Herr
(헤어)

아가씨/여사님
Frau
(프라우)

젊은 아가씨(거의 쓰지 않음)
Fräulein
(프로일라인)

Schneider 씨(성씨)
Herr Schneider
(헤어 슈나이더)

Erhard 여사(성씨)
Frau Erhard
(프라우 에어하르트)

Thomas Müller 씨
Herr Thomas Müller
(헤어 토마스 뮐러)

Heidi Klum 아가씨(씨)
Frau Heidi Klum
(프라우 하이디 클룸)

Bundeskanzlerin 어른(여성)
Frau Bundeskanzlerin
(프라우 분데스칸쯜러힌)

CHAPTER
15

머리스타일
Frisuren

한 친구가 독일 이민을 결심한 후 특별히 미용실에 가서 머리를 했어요. 독일에서는 미용사와 말이 통하지 않아서 엄마도 못 알아볼 정도로 이상하게 될까봐 걱정이 되었죠. 하지만 독일 연예인들의 멋진 머리 스타일을 보면 독일에도 엄청난 실력을 가진 미용사가 많다는 걸 알 수 있어요!

만약 이 친구처럼 괜히 미용실에 갔다가 후회하기 싫다면 이번 단원에서 배우게 될 단어들을 잘 기억해야 할 거예요.

▶ MP3 15-01

📝 여러 가지 머리스타일

단발머리
kurzes Haar
(쿠흐쩨스 하)

보브 스타일
der Bubikopf
(데어 부비코프)

어깨까지 오는 머리
schulterlanges Haar
(슐터랑어스 하)

긴 머리
langes Haar
(랑어스 하)

생머리
glattes Harr
(글라데스 하)

곱슬머리
lockiges Haar
(로키게스 하)

앞 가르마
der Mittelscheitel
(데어 미텔슈와이틀)

포니테일
der Pferdeschwanz
(데어 페르데슈바르쯔)

뱅헤어
der Pony
(데어 포니)

쪽머리
die Hochsteckfrisur
(디 호크슈데크프리주어)

똥머리
der Haarknoten
(데어 하크노튼)

땋은 머리
der Zopf
(데어 쪼프)

파마머리
dauergewelltes
Haar
(다우어게벨테스 하)

염색머리
gefärbtes Haar
(게페르브테스 하)

검은 머리
schwarzes Haar
(슈바르쩨스 하)

금발머리

blondes Haar

(블론데스 하)

흰 머리

graues Haar

(그라우에스 하)

대머리의

kahl

(칼)

📝 이발과 관련된 말들

머리 자르기

Haare schneiden

(하허 슈나이덴)

숱 정리

nachschneiden

(낙흐슈나이덴)

머리 감기

Haare waschen

(하허 바셴)

씻어내기(헹구기)

aus|spülen

(아우스 슈필렌)

드라이
föhnen
(푀넨)

세팅
legen
(레겐)

세우기
Strähnen machen
(슈트레넨 막흔)

탈색 / 염색
färben
(페르벤)

파마
dauerwellen
(다우어빌렌)

매직
glätten
(글레텐)

빗질
kämmen
(케멘)

수염 정리
rasieren
(하지어흔)

네일아트
maniküren
(마니퀴어렌)

이발소

der Frisiersalon

(데어 프리지어잘론)

이발사(남성)

der Friseur

(데어 프리주어)

이발사(여성)

die Friseurin

(디 프리주어힌)

미용실

der Damensalon

(데어 다멘잘론)

미용사(남성)

der Kosmetiker

(데어 코스메티커)

미용사(여성)

die Kosmetikerin

(디 코스메터커힌)

거울
der Spiegel
(데어 슈피글)

가위
die Schere
(디 쉐헤)

빗
der Kamm
(데어 캄)

면도기
der Rasierer
(데어 하지어허)

전동 면동기
der Elektrorasierer
(데어 엘레크트로하지어허)

헤어 드라이기
der Föhn
(데어 푄)

로드
der Lockenwickler
(데어 로켄비클러)

집게
die Haarklammer
(디 하클라머)

가발
die Perücke
(디 페뤼케)

미용실 예약하기

독일처럼 시간관념을 중시하는 곳에서는 머리를 자를 때도 먼저 예약을 해야만 합니다. 머리를 하고 싶다면 이렇게 말해보세요.

지금 바로 머리를 할 수 있나요?
Kann ich gleich da bleiben?
(칸 이히 글라이히 다 블라이벤)

예약을 해야 되나요?
Muss ich einen Termin machen?
(무스 이히 아이넨 테르민 막흔)

어떤 스타일로 하실 거예요?

미용실에 방문할 시간이 정해졌다면 미용사 선생님이 이렇게 물어보실 거예요.

어떤 스타일로 하실 거예요?
Welchen Stil möchten Sie haben?
(벨켄 슈틸 뫼흐텐 지 하벤)

나는 ~하고 싶어요

Ich lasse meine Harre **+** 동사원형
(이히 라쎄 마이네 하레)

나는 커트하고 싶어요.	나는 파마하고 싶어요.	나는 염색하고 싶어요.
Ich lasse meine Haare schneiden.	Ich lasse meine Haare dauerwellen.	Ich lasse meine Haare färben.
(이히 라쎄 마이네 하레 슈나이든)	(이히 라쎄 마이네 하레 다우어벨렌)	(이히 라쎄 마이네 하레 페르븐)

잘 생각이 나지 않거나 미용사가 못 알아들을 것 같아서 걱정이 될 때 가장 쉽게 해결할 수 있는 방법은 바로 사진을 꺼내거나 핸드폰에 저장되어 있는 사진을 보여주는 거예요. 바로 사진을 보여주면서 잘 부탁드린다고 말하면 되겠죠?

이 사진이랑 같은 스타일로 해주세요.
Wie auf dem Foto, bitte.
(비 아우프 뎀 포토, 비터)

이렇게 해주세요.
Ich möchte mein Aussehen verändern.
(이히 뫼히테 마인 아우스제헨 페어엔더른)

📝 머리 감기(샴푸)

이번에는 샴푸 서비스에 대해 알아볼게요. 독일에서 샴푸 서비스를 먼저 말하지 않는다면 미용사 선생님이 직접 물어볼 거예요.

삼푸하시겠어요?

Möchten Sie die Haare waschen lassen?

(뫼히텐 지 디 하러 바쎈 라쎈)

샴푸 좀 해주세요.

Ich möchte meine Haare waschen lassen.

(이히 뫼히테 마이네 하러 바쎈 라쎈)

만약 미용사 선생님이 먼저 물어보셨다면 이렇게 대답하세요.

네, 부탁드립니다.

Ja, bitte.

(야, 비터)

아니에요, 괜찮아요.

Nein, danke.

(나인, 당케)

의복

Die Kleidung

독일 사람들의 스타일은 소박해서 클래식함을 강조하는 편입니다. 대부분 무슨 옷을 입을지 고를 때 일반적으로 날씨를 가장 많이 고려합니다. 그런데 독일은 하루에도 날씨가 여러 번 바뀌는 경우가 많아요. 무엇을 입을지 고를 때 단단히 준비해야 될 거예요.

하지만 비즈니스맨들에게는 머리부터 발끝까지 격식에 맞는 복장을 입는 건 매우 중요한 일이에요. 머리는 윤기가 있고 정교하게 빗고, 정장에는 절대로 주름이 져서는 안 되며, 셔츠는 반듯하게 다려져 있어야 하고, 옷깃은 빳빳해야 하며, 구두는 마치 거울처럼 반짝반짝 빛나야 합니다. 이것들을 잘 지키는 사람일수록 그 사람의 업계에서 얼마나 대단한 사람인지를 보여주기 때문이에요.

▶ MP3 16-01

📝 Die Kleidung 의복

남성 정장
die Herrenkleidung
(디 헤렌 클라이둥)

여성 정장
die Damenkleidung
(디 다멘클라이둥)

아동복
die Kinderkleidung
(디 킨더클라이둥)

상의

긴팔 셔츠

das langärmelige Hemd

(다스 랑게르마일리게 헴트)

티셔츠

das T-Shirt

(다스 티셔트)

민소매(나시)

das Unterhemd

(다스 운터헴트)

반팔 셔츠

das kurzärmelige Hemd

(다스 쿠르쯔에르마일리게 헴트)

탱크탑

der Spaghetti-Träger

(데어 슈파게티-트레거)

남성 셔츠

das Hemd

(다스 헴트)

귀염둥이 옷

die trägerlose Bluse

(디 트레거로제 블루저)

민소매 셔츠

die ärmellose Bluse

(디 에르멜로제 블루저)

비옷

der Regenmantel

(데어 레겐만틀)

운동복

der Anorak

(데어 아노라크)

여성 셔츠

die Bluse

(디 블루저)

외투

der Blazer

(데어 블레쩌)

니트

der Pullover

(데어 풀오버)

재킷

die Jacke

(디 야커)

가디건

die Strickjacke

(디 슈트리크야커)

베스트(조끼)

die Weste

(디 베스트)

다운재킷(패딩)

die Daunenjacke

(디 다우넨아커)

하의

반바지
die Shorts
(디 쇼츠)

긴바지
die Röhrenhose
(디 뢰렌호저)

부츠컷(나팔바지)
die Schlaghose
(디 슐라그호저)

긴 바지
die Hose
(디 호저)

레깅스
die Leggings
(디 레깅스)

치마바지
der Reitrock
(데어 라익트로크)

청바지
die Jeans
(디 진스)

스트레이트 바지(일자바지)
die gerade Hose
(디 게라데 호저)

치마

치마
der Rock
(데어 호크)

플레어스커트(주름치마)
der Faltenrock
(데어 필텐호크)

미니스커트
der Minirock
(데어 미니호크)

작은 치마
der Mikrorock
(데어 미쿠호로크)

랩 스커트
der Wickelrock
(데어 비켈호크)

옷의 각 부분

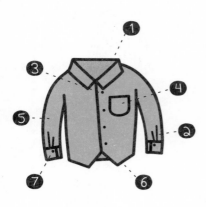

1. 옷깃(칼라)
   der Kragen(데어 크라근)

2. 주름
   die Bügelfalte(디 뷔겔팔터)

3. 단추
   der Knopf(데어 크노프)

4. 포켓
   die Seitentasche(디 자이텐타셔)

5. 소매
   der Ärmel(데어 에르멜)

6. 가장자리, 솔기
   der Saum(데어 자움)

7. 소맷부리(커프스)
   die Manschette(디 만쉐테)

Das Muster(다스 무스터) 옷의 무늬

무늬	도트무늬	꽃무늬	체크무늬	줄무늬
gemustert	gepunktet	geblümt	kariert	gestreift
(게무스터르트)	(게풍크테트)	(게뷜름트)	(카리어르트)	(게슈트라이프트)

여러 가지 의복

정장(양복)	der Anzug	(데어 안쭈그)
근무복	die Dienstkleidung	(디 딘스트클라이둥)
단체복	die Gesellschaftskleidung	(디 게젤샤프츠클라이둥)
여성복	das Kleid	(다스 클라이트)
연미복	das Abendkleid	(다스 아벤트클라이트)
교복	die Schüler-Uniform	(디 슐러-우니포름)
운동복	der Sportanzug	(데어 슈포르트안쭈그)
임부복	das Umstandskleid	(다스 움슈탄츠클라이트)
수영복	der Badeanzug	(데어 바데안쭈그)
잠옷	der Schlafanzug	(데어 슐라프안쭈그)
	das Schlafhemd	(데어 슐라프헴트)
비키니	der Bikini	(데어 비키니)
	der Zweiteiler	(데어 쯔바이타일러)

속옷

속옷
die Unterwäsche
(디 운터베셔)

소매없는 상의
das Top
(다스 톱)

브래지어
der Büstenhalter
(데어 뷔스텐할터)

팬티
der Schlüpfer
(데어 슐립퍼)

속치마
der Unterrock
(데어 운터호크)

der Slip
(데어 슬립)

사각팬티
die Boxershorts
(디 복셔쇼츠)

▶ MP3 16-03

✍ Die Schuhe 신발

가죽구두
die Lederschuhe
(디 레더슈어)

장화
die Stiefel
(디 슈티펠)

샌들
die Sandalen
(디 잔달렌)

운동화
die Turnschuhe
(디 투흔슈어)

슬리퍼
die Slipper
(디 슬리퍼)

등산화
die Wanderschuhe
(디 반더슈어)

남성 키높이 신발
die Herrenhalbschuhe
(디 헤렌할프슈어)

하이힐
die Stöckelschuhe
(디 슈퇴켈슈어)

비치 샌들
die Strandsandalen
(디 슈트란트잔달렌)

굽이 높은 부츠
die Plateauschuhe
(디 플라토슈어)

양말
die Socken
(디 조켄)

반스타킹
die Strümpfe
(디 슈트륌페)

팬티스타킹
die Strumpfhose
(디 슈트룸프호제)

✍ Der Schmuck 액세서리

목걸이
die Halskette
(디 할스케터)

팬던트
der Anhänger
(데어 안헹어)

반지
der Ring
(데어 링)

귀걸이
die Ohrringe
(디 오어링어)

팔찌
der Armreif
(데어 아름하이프)

발찌
der Fußreif
(데어 푸쓰하이프)

브로치
die Brosche
(디 브로쉐)

손목시계
die Armbanduhr
(디 아름반트우어)

머리핀
die Haarnadel
(디 하나델)

헤어밴드
der Haarreif
(데어 하라이프)

두건
der Kopfschmuck
(데어 코프슈무크)

리본
das Band
(다스 반트)

모자
der Hut
(데어 후트)

캡모자
die Mütze
(디 뮈쩨)

목도리
der Schal
(데어 샬)

넥타이
die Krawatte
(디 크라바터)

보타이
die Fliege
(디 플리거)

안경
die Brille
(디 브릴러)

선글라스
die Sonnenbrille
(디 조넨브릴러)

 장갑
die Handschuhe
(디 한트슈어)

 손수건
das Taschentuch
(다스 타쉔투크)

 벨트, 허리띠
der Gürtel
(데어 귀르틀)

 지갑
der Geldbeutel
(데어 겔트보이틀)

 핸드백
die Handtasche
(디 한트타쉐)

 서류 가방
die Aktentasche
(디 아크텐타쉐)

 백팩
der Rucksack
(데어 훅크자크)

 크로스백
die Umhängetasche
(디 움헹에타쉐)

(▶) MP3 16-04

📝 옷 입기

옷을 입는 것을 표현하는 동사 종류는 매우 많습니다. 일반동사와 분리동사가 trennbare Verben(드렌바레 베르벤) 모두 있기 때문이에요. 아직 동사의 변화가 익숙하지 않다면 Chapter 8로 돌아가서 다시 복습하고 오세요!

우선 그중에서 가장 많이 쓰이는 동사는 입다 tragen(트라근)예요. 옷이든, 액세서리든, 벨트든, 가방에 모두 쓸 수 있기 때문입니다. 뒤에 이어질 말은 목적격 형식의 명사여야 해요!

tragen(트라근) 입다					
ich (이히) 나	du (두) 너	Sie (지) 당신	er(에어) 그* sie(지) es(에스) **단수명사**	ihr (이어) 너희들	wir(비어) 우리들 Sie(지) 당신들 sie(지) 그들 **복수명사**
tragе (트라그)	trägst (트레그스트)	tragen (트라근)	trägt (트레그트)	tragt (트라그트)	tragen (트라근)

그는 흰색 바지와 붉은색 셔츠를 입었어요.

Er trägt eine weiße Hose und ein rotes Hemd.

(에어 트레그트 아이네 바이쎄 호제 운트 아인 로테스 헴트)

나는 모자 쓰는 것을 좋아해요.

Ich trage gern einen Hut.

(이히 트라그 게흔 아이넨 후트)

그 여자아이는 치마를 입었어요.

Das Mädchen trägt einen Rock.

(다스 멧헨 트레그트 아이넨 호크)

그 남자는 서류 가방을 들었어요.

Der Mann trägt eine Aktentasche.

(데어 만 트레그트 아이네 아크텐타쉐)

tragen(트라근)처럼 '입다'의 뜻을 가지고 있지만 반드시 옷에만 쓸 수 있는 단어가 있어요. 바로 anziehen(안찌헨)과 anhaben(안하벤)이에요. 모두 분리동사에 속하며 사용할 때 동사의 뒤에 접두사 an을 붙여야 한다는 걸 잊지 말아요. 그렇지 않으면 뜻이 완전히 달라질 수 있어요!

an|ziehen(안찌헨) 입다					
ich (이히) 나	du (두) 너	Sie (지) 당신	er(에어) 그* sie(지) es(에스) 단수명사	ihr (이어) 너희들	wir(비어) 우리들 Sie(지) 당신들 sie(지) 그들 복수명사
ziehe ... an (찌헤 안)	zieh**st** ...an (찌스트 안)	zieh**en** ... an (찌헨 안)	zieh**t** ... an (찌트 안)	zieh**t** ... an (찌트 안)	zieh**en** ...an (찌헨 안)

나는 외투를 입었어요.
Ich ziehe einen dicken Mantel an.
(이히 찌헤 아이넨 디켄 만텔 안)

엄마는 아이에게 재킷을 입히고 있어요.
Die Mutter zieht dem Kind eine Jacke an.
(디 무터 찌트 뎀 킨트 아이네 야케 안)

우리는 청바지 입는 것을 좋아해요.

Wir ziehen gerne Jeans an.

(비어 찌헨 게흐네 진스 안)

an|haben(안하븐) **입다**					
ich (이히) 나	du (두) 너	Sie (지) 당신	er(에어) 그* sie(지) es(에스) 단수명사	ihr (이어) 너희들	wir(비어) 우리들 Sie(지) 당신들 sie(지) 그들 복수명사
habe ... an (하브 안)	hast ... an (하스트 안)	haben ... an (하븐 안)	hat ... an (하트 안)	habt ... an (합트 안)	haben ... an (하븐 안)

나는 비옷을 입지 않았어요.

Ich habe keinen Regenmantel an.

(이히 하브 카이넨 레겐만텔 안)

아이는 파란색 원피스를 입고 있어요.

Das Kind hat ein blaues Kleid an.

(다스 킨트 하트 아인 블라우에스 클라이트 안)

그녀는 새 신발을 신었어요.

Sie hat neue Schuhe an.

(지 하트 노이에 슈어 안)

옷을 갈아입다

um|ziehen(움찌헨) 옷을 갈아입다					
ich (이히) 나	du (두) 너	Sie (지) 당신	er(에어) 그* sie(지) es(에스) **단수명사**	ihr (이어) 너희들	wir(비어) 우리들 Sie(지) 당신들 sie(지) 그들 **복수명사**
ziehe … um (찌헤 움)	ziehst … um (찌스트 움)	ziehen… um (찌헨 움)	zieht … um (찌트 움)	zieht… um (찌트 움)	ziehen … um (찌헨 움)

213

그는 지금 방에서 옷을 갈아입고 있어요.
Er zieht sich im Zimmer um.
(에어 찌트 지히 임 찜머 움)

그녀는 아이의 옷을 갈아입히고 있어요.
Sie zieht das Baby um.
(지 찌트 다스 베이비 움)

옷을 벗다

aus|ziehen(아우스찌헨) 옷을 벗다					
ich (이히) 나	du (두) 너	Sie (지) 당신	er(에어) 그* sie(지) es(에스) 단수명사	ihr (이어) 너희들	wir(비어) 우리들 Sie(지) 당신들 sie(지) 그들 복수명사
ziehe ... aus (찌헤 아우스)	ziehst ... aus (찌스트 아우스)	ziehen ... aus (찌헨 아우스)	zieht ... aus (찌트 아우스)	zieht ... aus (찌트 아우스)	ziehen ... aus (찌헨 아우스)

신발을 벗어주세요.
Ziehen Sie die
Schuhe aus!
(찌헨 지 디 슈어 아우스)

엄마는 아이의 옷을
벗기고 있어요.
Die Mutter zieht
die Kleine aus.
(디 무터 찌트
디 클라이너 아우스)

그는 옷을 벗었어요.
Er zieht sich aus.
(에어 찌트 지히 아우스)

액세서리를 끼다 / 벗다

auf|setzen(아우프제첸) 액세서리를 끼다 / 벗다					
ich (이히) 나	du (두) 너	Sie (지) 당신	er(에어) 그* sie(지) es(에스) 단수명사	ihr (이어) 너희들	wir(비어) 우리들 Sie(지) 당신들 sie(지) 그들 복수명사
setze ... auf (제체 아우프)	setzt ... auf (제츠트 아우프)	setzen ... auf (제첸 아우프)	setzt ... auf (제츠트 아우프)	setzt ... auf (제츠트 아우프)	setzen ... auf (제첸 아우프)

저 남자는 모자를 썼어요.
Der Mann setzt
einen Hut auf.
(데어 만 제츠트
아이넨 후트 아우프)

그녀는 안경을 꼈어요.
Sie setzt eine
Brille auf.
(지 제츠트 아이네
브릴레 아우프)

그 아이는 캡모자를 썼어요.
Das Kind setzt
eine Mütze auf.
(다스 킨트 제츠트
아이네 뮈쩨 아우프)

ab|nehmen(압네멘) 모자를 벗다, 안경을 벗다					
ich (이히) 나	du (두) 너	Sie (지) 당신	er(에어) 그* sie(지) es(에스) 단수명사	ihr (이어) 너희들	wir(비어) 우리들 Sie(지) 당신들 sie(지) 그들 복수명사
nehme ...ab (네메 압)	nimmst ... ab (님스트 압)	nehmen ... ab (네멘 압)	nimmt ... ab (님트 압)	nehmt ... ab (넴트 압)	nehmen ... ab (네멘 압)

종원업은 모자를 벗었어요.

Herr Ober nimmt einen Hut ab.

(헤어 오버 님트 아이넨 후트 압)

당신은 반드시 선글라스를 벗어야 해요.

Sie müssen die Sonnenbrille abnehmen.

(지 뮈쎈 디 조넨브릴레 압네멘)

an|schnallen(안슈날렌) 벨트를 매다					
ich (이히) 나	du (두) 너	Sie (지) 당신	er(에어) 그* sie(지) es(에스) 단수명사	ihr (이어) 너희들	wir(비어) 우리들 Sie(지) 당신들 sie(지) 그들 복수명사
schnall**e** … an (슈넬레 안)	schnall**st** … an (슈날스트 안)	schnall**en** … an (슈날헨 안)	schnall**t** … an (슈날트 안)	schnall**t** … an (슈날트 안)	schnall**en** … an (슈날렌 안)

217

(비행기 안에서) 자리를 떠나지 마시고,
안전벨트를 착용해주세요.
Verlassen Sie Ihre Plätze noch nicht und
bleiben Sie angeschnallt.
(페어라쎈 지 이어레 플레쩨 녹흐 니히트 운트
블라이벤 지 안게슈날트)

안전벨트를 착용해주세요!
Schnallen Sie sich an!
(슈날렌 지 지히 안)

안전벨트 안 하시나요?
Schnallst du den Gurt nicht an?
(슈날스트 두 덴 구르트 니히트 안)

ab|schnallen(압슈날렌) 벨트를 풀다					
ich (이히) 나	du (두) 너	Sie (지) 당신	er(에어) 그* sie(지) es(에스) **단수명사**	ihr (이어) 너희들	wir(비어) 우리들 Sie(지) 당신들 sie(지) 그들 **복수명사**
schnalle ... ab (슈날레 압)	schnallst ... ab (슈날스트 압)	schnallen ... ab (슈날렌 압)	schnallt ... ab (슈날트 압)	schnallt ... ab (슈날트 압)	schnallen ... ab (슈날렌 압)

반드시 비행기가 멈춘 후에야 안전벨트를 해제할 수 있어요!

Schnallen Sie sich nur im Stillstand ab!

(슈날렌 지 지히 누어 임 슈틸슈탄트 압)

안전벨트를 풀어도 좋아요.

Du kannst den Gurt schon abschnallen.

(두 칸스트 덴 구르트 숀 압슈날렌)

그는 스키를 풀었어요.

Er schnallt die Ski ab.

(에어 슈날트 디 쉬 압)

um|binden(움빈덴) 목도리를 매다, 넥타이를 매다, 신발 끈을 묶다					
ich (이히) 나	du (두) 너	Sie (지) 당신	er(에어) 그* sie(지) es(에스) 단수명사	ihr (이어) 너희들	wir(비어) 우리들 Sie(지) 당신들 sie(지) 그들 복수명사
binde ... um (빈데 움)	bindest ... um (빈데스트 움)	binden ... um (빈덴 움)	bindet ... um (빈데트 움)	bindet ... um (빈데트 움)	binden ... um (빈덴 움)

내 여동생은 줄무늬 목도리를 맸어요.

Meine Schwester bindet einen gestreiften Schal um.

(마이네 슈베스터 빈데트 아이넨 게슈트라이프텐 샬 움)

그는 이미 신발 끈을 묶었어요.

Er bindet die Schnürsenkel um.

(에어 빈데트 디 슈뉘어젠켈 움)

아이는 앞가리개를 맸어요.

Das Kind bindet ein Lätzchen um.

(다스 킨트 빈데트 아인 렛치흔 움)

220

Memo

입다 / 벗다를 외우는 비법

입다 / 벗다를 외우는 비결은 바로 접두사에 있어요. 앞에 접두사만 바꿔주면 뜻이 달라지기 때문이에요.

옷을 입다	an|ziehen	(안찌헨)
옷을 갈아입다	um|ziehen	(움찌헨)
옷을 벗다	aus|ziehen	(아우스찌헨)
벨트를 매다	an|schnallen	(안슈날렌)
벨트를 풀다	ab|schnallen	(압슈날렌)

주요 동사와 접두사만 외워도 많은 것을 외울 수 있어요. 독일 사람들은 입다, 벗다, 매다를 표현할 때 주로 분리동사를 사용하는 경향이 있어요. 특히 두루 쓰이는 tragen의 경우 여러 동작에 쓸 수 있어서 매우 많이 쓰이는 편이에요. 그리고 분리동사는 앞에 몇 글자만 바꿔주면 뜻도 함께 변해요.

* tragen은 상태를 나타내며, anziehen은 비교적 '입는' 동작을 강조함.

CHAPTER
17

우리 집
Mein Haus

이번에는 독일인의 집에 대해 알아보겠습니다. 독일 사람들의 집은 주로 단독주택 Haus(하우스)과 Wohnung(보눙)처럼 아파트나 오피스텔같이 여러 층으로 이뤄진 집으로 나눌 수 있어요. 그리고 대다수의 독일 사람들의 집은 모두 임대 형식이에요. 비록 임대 아파트지만 독일 사람들은 절대로 집을 아무렇게나 어지럽히지 않아요. 독일 사람들은 집을 꾸미는 것을 매우 좋아하기 때문이에요. 창틀에서부터 문 앞에 놓여있는 카펫, 그리고 문 앞에 걸려 있는 꽃들이 계절에 따라서 수시로 바뀌는 것을 볼 수 있을 거예요!

Um das Haus herum 집 주변

1. 안테나	die Antenne	(디 안테네)
2. 굴뚝	der Schornstein	(데어 쇼른슈타인)
3. 베란다	die Veranda	(디 베란다)
4. 발코니	der Balkon	(데어 발콘)
5. 차고	die Garage	(디 가하저)
6. 뒷문	die Hintertür	(디 힌터튀어)
7. 울타리	der Zaun	(데어 짜운)
8. 우체통	der Briefkasten	(데어 브리프카스튼)
9. 초인종	die Türklingel	(디 튀어클링엘)
10. 문패	das Türschild	(다스 튀어쉴트)
11. 문	das Tor	(다스 토어)
12. 테라스	die Terrasse	(디 테라쎄)
13. 창고	der Abstellraum	(데어 압슈텔라움)
14. 정원	der Hof	(데어 호프)
15. 연못	der Teich	(데어 타이히)
16. 마당	der Garten	(데어 가르튼)
17. 화분	der Blumentopf	(데어 블루멘토프)
18. 가로등	die Straßenlampe	(디 슈트라쎈람페)
19. 지하실	der Keller	(데어 켈러)
20. 개집	das Hundehaus	(다스 훈더하우스)
21. 처마	der Dachvorsprung	(데어 다크포어슈프룽)
22. 배수관	die Dachrinne	(디 다크리너)
23. 지붕	das Dach	(다스 다크)
24. 다락	der Dachstuhl	(데어 다크슈툴)

📖 Das Wohnzimmer 거실

1. 전화기	das Telefon	(다스 텔레폰)
2. 천장	die Decke	(디 데커)
3. 전등(스탠드)	die Lampe	(디 람퍼)
4. 시계	die Uhr	(디 우어)
5. 선풍기	der Ventilator	(데어 벤틸라토어)

6. 샹들리에	der Kristallleuchter	(데어 크리슈탈로이히터)
7. 텔레비전	der Fernseher	(데어 페른제어)
8. 라디오	das Radio	(다스 라디오)
9. 음향기기	die Stereoanlage	(디 슈테레오안라거)
10. 리모콘	die Fernbedienung	(디 페른베디눙)
11. 액자	der Bilderrahmen	(데어 빌더라멘)
12. 사진	das Foto	(다스 포토)
13. 책장	das Bücherregal	(다스 뷔셔레갈)
14. 그림	das Bild	(다스 빌트)
15. 벽	die Wand	(디 반트)
16. 창문	das Fenster	(다스 펜스터)
17. 커튼	die Gardine	(디 가르디너)
18. 베개(쿠션)	das Kopfkissen	(다스 코프키쎈)
19. 소파	das Sofa	(다스 소파)
20. 카페트	der Teppich	(데어 테피쉬)
21. 재떨이	der Aschenbecher	(데어 아쉔베셔)
22. 탁자	der Tisch	(데어 티쉬)
23. 잡지	die Zeitschrift	(디 짜이트슈리프트)
24. 바닥	der Boden	(데어 보든)
25. 꽃병	die Vase	(디 바저)
26. 스피커	der Lautsprecher	(데어 라우트슈프레셔)
27. 문	die Tür	(디 튀어)
28. 계단	die Treppe	(디 트레퍼)
29. (전등) 스위치	der Schalter	(데어 샬터)
30. 난간	das Geländer	(다스 게렌더)

📝 Das Schlafzimmer 침실

1. 침대	das Bett	(다스 베트)
2. 침대 머리맡	das Kopfende	(다스 코펜데)
3. 침실용 테이블	der Nachttisch	(데어 낙흐티쉬)
4. 화장지케이스	die taschentuchschachtel (디 타쉔투크샤크텔)	
5. 침대 매트리스	die Matratze	(디 마트라쩨)
6. 침대 시트	die Bettwäsche	(디 베트베쉐)
7. 이불	die Tagesdecke	(디 타게스데커)
8. 쿠션	das Kissen	(다스 키쎈)
9. 베개 커버	der Kissenbezug	(데어 키쎈베쭈그)
10. 베개	das Keilkissen	(다스 카일키쎈)
11. 담요	die Wolldecke	(디 볼데커)
12. 이불	die Steppdecke	(디 슈텝데커)
13. 옷장	der Schrank	(데어 슈랑크)
14. 옷걸이	der Kleiderbügel	(데어 클라이더뷔글)
15. 화장대	der Schminktisch	(데어 슈밍크티쉬)
16. 에어컨	die Klimaanlage	(디 클리마안라거)
17. 스탠드(전등)	die Tischlampe	(디 티쉬람퍼)
18. 탁상시계	der Wecker	(데어 베커)

📝 Das Badezimmer und die Toilette 욕실 / 화장실

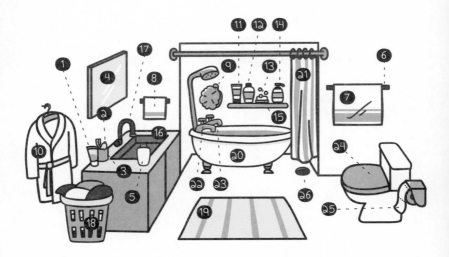

1. 폼클렌징	der Gesichtsreiniger	(데어 게지히츠라인리거)
2. 치약	die Zahnpasta	(디 짠파스타)
3. 칫솔	die Zahnbürste	(디 짠뷔르스터)
4. 거울	der Spiegel	(데어 슈피글)
5. 로션	die Lotion	(디 로션)
6. 목욕수건 걸이	der Handtuchhalter	(데어 한트투크할터)
7. 목욕수건	das Badetuch	(다스 바데투크)
8. 수건	das Tuch	(다스 투크)
9. 샤워캡	die Badehaube	(디 바데하우버)
10. 목욕 가운	der Bademantel	(데어 바데만틀)
11. 헤어크림	die Haarspülung	(디 하슈퓔룽)
12. 샴푸	das Shampoo	(다스 샴푸)
13. 비누	das Seifenstück	(다스 자이펜슈튀크)
14. 바디클렌저	die Flüssigseife	(디 플뤼씨히자이퍼)
15. 비누곽	die Seifenschale	(디 자이펜샬러)
16. 세면대	das Waschbecken	(다스 바쉬베큰)
17. 수도꼭지	der Wasserhahn	(데어 바써한)
18. 세탁바구니	der Wäschekorb	(데어 베쉐콥브)
19. 바닥매트	die Fußmatte	(디 푸쓰마테)
20. 욕조	die Badewanne	(디 바데바네)
21. 샤워커튼	der Duschvorhang	(데어 두쉬포어항)
22. 뜨거운 물 수도꼭지	der Heißwasserhahn	(데어 하이쓰바써한)
23. 차가운 물 수도꼭지	der Kaltwasserhahn	(데어 칼트바써한)
24. 변기	die Toilette	(디 토일레터)
25. 화장지	das Papiertaschentuch	(다스 파피어타쉔투크)
26. 배수관	der Abfluss	(데어 압플루쓰)

📝 Das Esszimmer 식당

1. 식탁	der Tisch	(데어 티쉬)
2. 의자	der Stuhl	(데어 슈툴)
3. 식탁보	die Tischdecke	(디 티쉬데커)
4. 냅킨	die Serviette	(디 제르비터)
5. 테이블보	das Tischset	(다스 티쉬제트)
6. 숟가락	der Löffel	(데어 뢰펠)
7. 포크	die Gabel	(디 가블)
8. 나이프	das Messer	(다스 메써)
9. 접시	der Teller	(데어 텔러)
10. 대접	die Schüssel	(디 슈뤼쎌)
11. 유리잔	das Glas	(다스 글라스)
12. 빨대	der Strohhalm	(데어 슈트로할름)
13. 와인잔	das Weinglas	(다스 바인글라스)
14. 커피잔	die Kaffeetasse	(디 카페타써)
15. 손잡이 달린 잔	der Becher	(데어 베혀)
16. 젓가락	die Essstäbchen	(디 에스텝현)
17. 식사 도구 세트	das Besteck	(다스 베슈테크)
18. 쟁반	das Tablett	(다스 타블레트)
19. 차주전자	das Kännchen	(다스 켄현)
20. 이쑤시개	der Zahnstocher	(데아 짠슈토허)

✎ Die Küche 주방

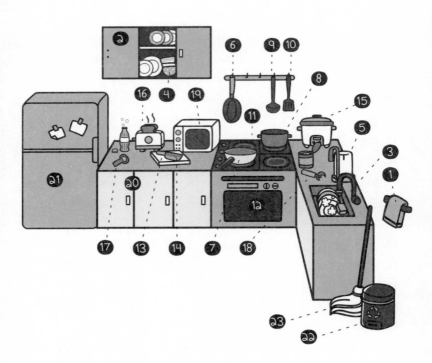

1. 수건	das Handtuch	(다스 한트투크)
2. 벽장	der Wandschrank	(데어 반트슈랑크)
3. 싱크대	das Waschbecken	(다스 바쉬베큰)
4. 그릇	das Geschirr	(다스 게쉬르)
5. 정수기	der Siebfilter	(데어 집필터)
6. 팬	die Pfanne	(디 파너)
7. 웍	der Wok	(데어 보크)
8. 냄비	der Topf	(데어 토프)
9. 국자	der Gießlöffel	(데어 기스뢰펠)
10. 뒤집개	der Pfannenwender	(데어 파넨벤더)
11. 가스레인지	der Herd	(데어 헤르트)
12. 오븐	der Ofen	(데어 오픈)
13. 도마	das Hackbrett	(다스 하크브레트)
14. 칼	das Messer	(다스 메써)
15. 스튜냄비	der Kochtopf	(데어 코크토프)
16. 토스트기	der Toaster	(데어 토스터)
17. 병따개	der Flaschenöffner	(데어 플라쉰외프너)
18. 통조림 따개	der Dosenöffner	(데어 도젠외프너)
19. 전자레인지	der Mikrowellenofen	(데어 미크로벨렌오픈)
20. 조리대	die Küchentheke	(디 퀴헨테커)
21. 냉장고	der Kühlschrank	(데어 퀼슈랑크)
22. 쓰레기통	der Mülleimer	(데어 뮐아이머)
23. 대걸레	der Bodenwischer	(데어 보든비셔)

📝 독일의 아파트

독일의 젊은이들은 성인이 되면 부모님의 곁을 떠나 사는데 비용을 절약하기 위해 다른 사람과 한 집에서 살아요. 이런 것들을 보통 Wohngemeinschaft(본게마인샤프트)라고 하는데 보통 줄여서 WG(베게)라고 합니다.

만약 아파트 임대 정보에 4-Zimmer-Wohnung(퍼어 찜머 보눙)이라고 쓰여있다면 거실이 하나 있다는 뜻이에요. 그리고 아마 식당이 있을 수도 있으며, 2개의 방이 있을 거예요. 임대 정보에 나와 있는 숫자의 합은 욕실과 주방을 포함하지 않은 숫자이며, 욕실과 화장실은 따로 계산해요.

새 아파트에 들어가게 되면 새로 온 주민은 반드시 원래 살고 있던 사람과 이웃에게 먼저 인사를 해야 합니다. 원래 그곳에 살고 있는 사람들은 새로 온 주민에게 먼저 인사를 하기 어렵기 때문이에요. 만약 독일에 오랜 기간 거주하게 된다면 아래의 단어들을 꼭 기억해주세요.

남자 집주인
der Vermieter(데어 페어미터)

여자 집주인
die Vermieterin(디 페어미터린)

세를 들어 살다
mieten
(미텐)

남자 손님   der Mieter
(데어 미터)

여자 손님   die Mieterin
(디 미터린)

CHAPTER
18

가족
Die Familie

독일의 가족 구성원은 우리나라처럼 부계, 모계로 철저히 나누어져 있지는 않아요. 하지만 하나씩 보면 결코 적지 않은 호칭들이 있어요!

▶ MP3 18-01

📝 Die Familienmitglieder 가족 구성원

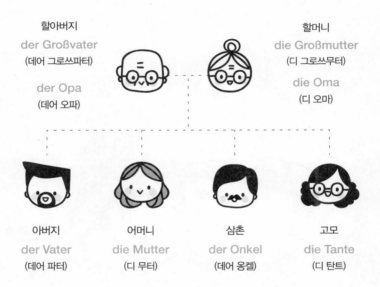

할아버지
der Großvater
(데어 그로쓰파터)

der Opa
(데어 오파)

할머니
die Großmutter
(디 그로쓰무터)

die Oma
(디 오마)

아버지
der Vater
(데어 파터)

어머니
die Mutter
(디 무터)

삼촌
der Onkel
(데어 옹켈)

고모
die Tante
(디 탄트)

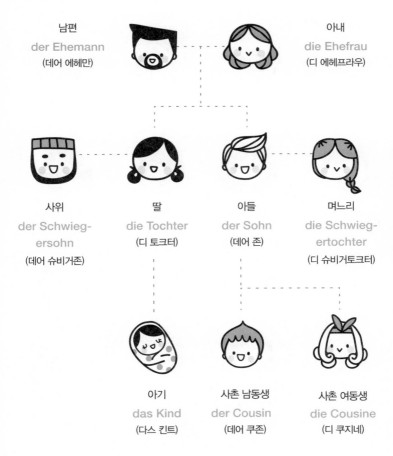

남편
der Ehemann
(데어 에헤만)

아내
die Ehefrau
(디 에헤프라우)

사위
der Schwieg-
ersohn
(데어 슈비거존)

딸
die Tochter
(디 토크터)

아들
der Sohn
(데어 존)

며느리
die Schwieg-
ertochter
(디 슈비거토크터)

아기
das Kind
(다스 킨트)

사촌 남동생
der Cousin
(데어 쿠존)

사촌 여동생
die Cousine
(디 쿠지네)

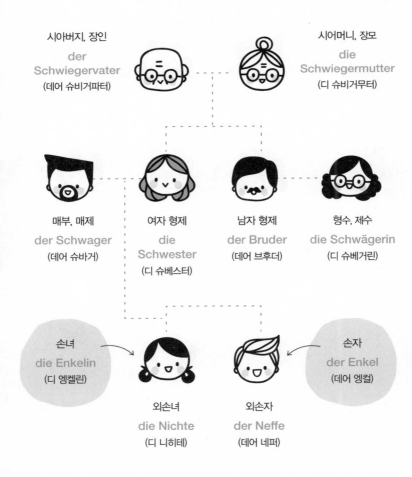

시아버지, 장인
der Schwiegervater
(데어 슈비거파터)

시어머니, 장모
die Schwiegermutter
(디 슈비거무터)

매부, 매제
der Schwager
(데어 슈바거)

여자 형제
die Schwester
(디 슈베스터)

남자 형제
der Bruder
(데어 브후더)

형수, 제수
die Schwägerin
(디 슈베거린)

손녀
die Enkelin
(디 엥켈린)

손자
der Enkel
(데어 엥컬)

외손녀
die Nichte
(디 니히테)

외손자
der Neffe
(데어 네퍼)

240

윗사람 / 아랫사람 확실하게 말하기

독일어의 칭호 '형-남동생', '언니-여동생'은 모두 같은 단어로 이루어져 있어요. 관계의 위아래를 모호하지 않게 하기 위해 명사 앞에 형용사 Adjektv(아드엑티브)를 넣어도 됩니다.

형
der ältere Bruder
(데어 엘터레 브후더)

언니
die ältere Schwester
(디 엘터레 슈베스터)

남동생
der jüngere Bruder
(데어 윙어레 브후더)

여동생
die jüngere Schwester
(디 윙어레 슈베스터)

독일어에도 형제자매가 둘 뿐인 경우에 위아래 관계를 꾸며주는 형용사 Adjektv
(아드엑티브)가 있어요.

맏형	die älteste Schwester	(디 엘테스테 슈베스터)
둘째	die zweitälteste Schwester	(디 쯔바이트엘테스테 슈베스터)
막내	der jüngste Bruder	(데어 융스테 브후더)

몇 명의 형제자매가 있을까요?

당신은 몇 명의 형제자매가 있나요?
Wie viele Geschwister haben Sie?
(비 필레 게슈비스터 하벤 지)

대답할 때는 명사가 단수인지, 복수인지에 대해 주의하세요!

	단수	복수
형/남동생	Bruder(브후더)	Brüder(브휘더)
언니/여동생	Schwester(슈베스터)	Schwestern(슈베스터흔)

나는 외동이에요.
Ich bin Einzelkind.
(이히 빈 아인쩰킨트)

나는 오빠/남동생이 하나 있어요.
Ich habe einen Bruder.
(이히 하베 아이넨 브후더)

나는 누나/여동생이 하나 있어요.
Ich habe eine Schwester.
(이히 하베 아이네 슈베스터)

나는 오빠/동생이 3명 있어요.
Ich habe drei Brüder.
(이히 하베 드라이 브휘더)

나는 언니/여동생이 2명 있어요.
Ich habe zwei Schwestern.
(이히 하베 쯔바이 슈베스터른)

나는 오빠와 남동생이 4명 있고, 언니랑 여동생이 2명 있어요.
Ich habe vier Brüder und zwei Schwestern.
(이히 하베 피어 브휘더 운트 쯔바이 슈베스터흔)

Memo

Ihr은 영원히 대문자

Ihr(이어)의 뜻은 '당신의/당신들의'이며 반드시 첫 글자를 대문자로 써야 해요.
Sie(지) '당신/당신들'에서 유래된 말이기 때문이에요.

몇 명의 아이가 있을까요?

당신은 아이가 있나요?
Haben Sie Kinder?
(하벤 지 킨더)

	한 명(단수)	여러 명(복수)
아이	Kind(킨트)	Kinder(킨더)
아들	Sohn(존)	Söhne(죄네)
딸	Tochter(토크터)	Töchter(퇴쉬터)

네, 저는 딸이 하나 있어요.
Ja, ich habe eine Tochter.
(야 이히 하베 아이네 토크터)

네, 저는 아들 하나, 딸 둘 해서 세 명의 아이가 있어요.
Ja, ich habe drei Kinder, einen Sohn und
zwei Töchter.
(야, 이히 하베 드라이 킨더, 아이넨 존 운트 쯔바이 퇴쉬터)

아니요, 저는 아이가 없어요.
Nein, Ich habe keine Kinder.
(나인, 이히 하베 카이네 킨더)

독자	das Einzelkind	(다스 아인쩰킨트)
쌍둥이	die Zwillinge	(디 쯔빌링어)
친척(남성)	der Verwandte	(데어 페어반터)
친척(여성)	die Verwandte	(디 페어반터)
의붓아버지	der Stiefvater	(데어 슈티프파터)
의붓어머니	die Stiefmutter	(디 슈피티프무터)
의붓아들	der Stiefsohn	(데어 슈티프존)
의붓딸	die Stieftochter	(디 슈티프토크터)
독신 남성	der Alleinstehende	(데어 알라인슈테헨더)
독신 여성	die Alleinstehende	(디 알라인슈테헨더)
편부/편모	der/die Alleinerziehende (데어/디 알라인에어찌헨더)	
배우자(반려자)	der Partner	(데어 파트너)
함께 살고 있지만 결혼하지는 않음	die Partnerin	(디 파트너린)

Der Familienstand 혼인관계

미혼
ledig
(레딕)

기혼(결혼)
verheiratet
(페어하이하테트)

사별
verwitwet
(페어비트베트)

혼인 관계

이혼
geschieden
(게쉬덴)

별거
getrennt
(게트렌트)

상대방의 혼인관계를 알고 싶다면 이렇게 물어보세요.

실례지만 혼인관계가 어떻게 되세요?
Wie ist Ihr Familienstand?
(비 이스트 이어 파밀리엔슈탄트)

본인의 혼인관계를 대답할 때는 아래와 같은 형태로 대답하면 돼요. 진실인지 거짓인
지는 여러분의 양심에 맡길게요!

나는 ~
Ich bin   +   관계
(이히 빈)

나는 미혼이에요.
Ich bin ledig.
(이히 빈 레딕)

나는 이미 결혼했어요.
Ich bin verheiratet.
(이히 빈 페어하이하테트)

그녀는 이혼했어요.
Sie ist geschieden.
(지 이스트 게쉬덴)

CHAPTER
19

인생의 단계
Die Ereignisse des Lebens

우리는 다른 사람과 서로 대화를 나눌 때 항상 자신과 관련된 일을 이야기합니다. 생일, 형제자매, 가족이나 사는 곳에서부터 과거 인생을 살면서 겪었던 중요한 일들에 대해서 이야기하는 경우도 있어요. 자신의 인생에서 중요한 사건을 이야기할 때는 반드시 정확한 동사와 명사의 조합을 사용해야 합니다. 확실하게 배워두면 나중에 사용할 날이 왔을 때 자연스럽게 이야기할 수 있겠죠?

(▶) MP3 19-01

📝 인생의 중요한 사건

이번에는 일반적으로 벌어지는 일을 순서대로 써봤어요. 그리고 일어나는 여러 가지 동사도 있어요(모두 –en으로 끝나는 것을 주의해야 해요)! 사용할 때 동사 변화를 절대로 잊지 말아요!

태어나다
geboren werden
(게보흔 베허덴)

학교에 가다
zur Schule gehen
(쭈어 슐러 게헨)

친구를 사귀다
sich befreunden mit
(지히 베프로인덴 미트)

고등학교 졸업시험을 보다
das Abitur machen
(다스 아비투어 막흔)

대학에 들어가다
zur Uni gehen
(쭈어 우니 게헨)

군대에 가다
der Armee beitreten
(데어 아르미 바이트레텐)

운전을 배우다
Autofahren lernen
(아우토파렌 레르넨)

졸업하다
seinen Abschluss
machen
(자이넨 압슐루스 막흔)

일자리를 얻다
eine Stelle bekommen
(아이네 슈텔레 베콤믄)

이사를 가다
aus|ziehen
(아우스찌헨)

집을 구하다
eine Wohnung
mieten
(아이네 보눙 미튼)

집을 사다
ein Haus kaufen
(아인 하우스 카우픈)

누군가와 사랑에 빠지다

sich verlieben

(지히 페어리벤)

결혼하다

heiraten

(하이라튼)

아이를 낳다

ein Kind bekommen

(아인 킨트 베콤믄)

손자가 생기다

einen Enkel bekommen

(아이넨 엥켈 베콤믄)

사망하다

sterben

(슈테르븐)

자신의 인생에 대해 이야기하기

 나는 1998년 3월 18일에 태어났어요.
Ich wurde am 18.März 1998 geboren.
(이히 부르데 암 아크찌히스텐 메르쯔 노인첸훈데르트
아크트운트노인찌히 게보흔)

 나는 2002년 대학에 입학했어요.
Ich ging 2002 zur Schule.
(이히 깅 쯔바이타우젠트쯔바이 쭈어 슐러)

 나는 2009년 대학을 졸업하고 곧바로 일자리를 얻었어요.
Ich machte meinen Uni-Abschluss 2019
und bekam sofort eine Stelle.
(이히 막흐트 마이넨 우니 압슐루스 쯔바이타우젠트노인첸
운트 베캄 조포르트 아이네 슈텔레)

나는 회사에서 내가 사랑하는 아내를 만났어요.
Ich traf und verliebte mich in meine Frau im Büro.
(이히 트라프 운트 페어립테 미히 인 마이네 프라우 임 뷔호)

5년 후 나는 집을 사고, 결혼을 했어요.
Nach fünf Jahren kaufte ich ein Haus und verheiratete mich.
(낙흐 퓬프 야렌 카우프테 이히 아인 하우스 운트 페어하이라테테 미히)

나는 지금 아이가 한 명 있어요. 아들이에요.
Nun habe ich ein Baby, einen Sohn.
(눈 하베 이히 아인 베이비, 아이넨 존)

슬픈 것은 내 아들이 태어난 그 날, 할아버지께서 돌아가셨어요.
Bedauerlicherweise starb mein Opa am Tage der Geburt von meinem Kind.
(베다우어리혀바이제 슈타르브 마인 오파 암 타게 데어 게부르트 폰 마이넴 킨트)

CHAPTER
20

관계

Die Beziehungen

우리는 가족관계 이외에도 사회생활을 하면서 친구나, 인사만 하는 사이, 친구의 친구, 누군가의 형제자매, 친구의 여자친구 혹은 어떤 사람의 친척처럼 여러 사람들과 서로 다른 관계를 맺습니다. 때때로 다른 사람들이 자신을 어떤 사람이라고 생각하는지 알아야 할 때가 있습니다.

(▶) MP3 20-01

📝 회사 내의 인간 관계

사장(남성)	der Chef	(데어 쉐프)
비서(여성)	die Assistentin	(디 아씨스텐틴)
동업자(남성)	der Geschäftspartner	(데어 게쉐프트파트너)
고용주(남성)	der Arbeitgeber	(데어 아바이프게버)
종업원(남성)	der Arbeitnehmer	(데어 아바이트네머)
동료(남성)	der Kollege	(데어 콜레에거)

Persönliche Beziehungen 인간 관계

친구(남성) der Freund (데어 프로인트)	친구(여성) die Freundin (디 프로인딘)	이웃(남성) der Nachbar (데어 낙흐바)
아는 사람 der/die Bekannte (데어/디 베칸터)	애인 das Paar (다스 파)	내 남자친구 der Freund (다스 프로인트)
내 여자친구 die Freundin (디 프로인딘)	부부 das Ehepaar (다스 에헤파)	약혼자 der Verlobte (데어 페어롭터)
약혼녀 die Verlobte (디 페어롭터)	신랑 der Bräutigam (데어 브로이티감)	신부 die Braut (디 브라우트)

Freund(프로인트) 단어를 사용할 때 주의해야 합니다. 이 단어는 그냥 친구로 해석할 수도 있지만 남자친구로 해석되기도 합니다. 그럼 이 아름다운 여성이 남자친구를 이야기하는지 그냥 친구를 이야기하는지 어떻게 알 수 있을까요? 이번 내용을 공부하면 아마 문제가 없을 거예요.

만약 친구일 경우 우리는 보통 관사로 ein(아인)/eine(아이네)을 사용합니다. 그리고 여자친구라면 관사로 mein(마인)/meine(마이네)를 사용하는데 이 뜻은 '나의'를 나타내어 만나는 사람이 있다는 뜻이 되는 거예요.

<table>
<tr><td>

그는 나의 남자인 친구예요.
Er ist ein Freund von mir.
(에어 이스트 아인 프로인트 폰 미어)

</td><td>

그는 나의 남자친구예요.
Hier ist mein Freund.
(히어 이스트 마인 프로인트)

</td></tr>
<tr><td>

그는 나의 여자인 친구예요.
Sie ist eine Freundin von mir.
(지 이스트 아이네 프로인딘 폰 미어)

</td><td>

그는 나의 여자친구예요.
Hier ist meine Freundin.
(히어 이스트 마이네 프로인딘)

</td></tr>
<tr><td>

우리 둘은 친구예요.
Wir sind Freunde.
(비어 진트 프로인데)

</td><td>

</td></tr>
</table>

CHAPTER
21

종교, 국적, 언어
Religion, Nationalität
und Sprache

독일에는 굉장히 많은 민족과 국적의 사람들이 있어요. 독일은 이미 유명한 선진국 중 하나이기 때문에 우수한 사회 복지 시스템과 교육 환경을 가지고 있습니다. 독일 내 외국인 중 가장 많은 비중을 차지하는 사람은 터키 사람이며, 두 번째로는 이탈리아 사람이에요.

▶ MP3 21-01

📝 Die Religion 종교

종교 창시자	der Religionsstifter	(데어 렐리기온스슈티프터)
하느님	der Gott	(데어 고트)
종교 지도자	die Lehre	(디 레허)

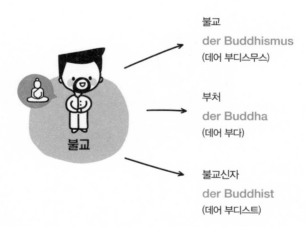

불교
der Buddhismus
(데어 부디스무스)

부처
der Buddha
(데어 부다)

불교신자
der Buddhist
(데어 부디스트)

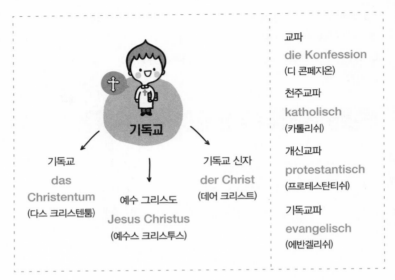

기독교

교파
die Konfession
(디 콘페지온)

천주교파
katholisch
(카톨리쉬)

개신교파
protestantisch
(프로테스탄티쉬)

기독교파
evangelisch
(에반겔리쉬)

기독교
das Christentum
(다스 크리스텐툼)

예수 그리스도
Jesus Christus
(예수스 크리스투스)

기독교 신자
der Christ
(데어 크리스트)

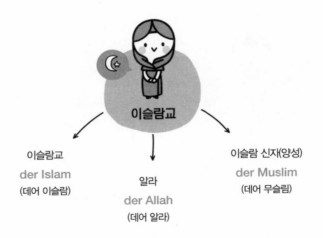

이슬람교

이슬람교
der Islam
(데어 이슬람)

알라
der Allah
(데어 알라)

이슬람 신자(양성)
der Muslim
(데어 무슬림)

종교와 신앙에 대해 묻기

어떤 종교를 믿으세요?

Was ist Ihre Religion?

(바스 이스트 이어허 헬리기온)

저는 불교를 믿어요.

Ich bin Buddhist.

(이히 빈 부디스트)

저는 이슬람교를 믿어요.

Ich bin Muslimin.

(이히 빈 무슬리민)

저는 기독교를 믿어요.

Ich bin Christin.

(이히 빈 크리스틴)

261

📖 Das Land 국가

국가 Das Land (다스 란트)	국적 Die Nationalität (디 나치오날리테트)	국민 Das Volk (다스 폴크)
대만 Thailand (타이란트)	대만 국적 thailändisch (타이렌디쉬)	대만 사람(남성) der Thailänder(데어 타이렌더) 대만 사람(여성) die Thailänderin(디 타이렌더린)
독일 Deutschland (도이치란트)	독일 국적 deutsch (도이치)	독일 사람(남성) der Deutsche(데어 도이처) 독일 사람(여성) die Deutsche(디 도이처)
영국 England (엥글란트)	영국 국적 englisch (엥글리쉬)	영국 사람(남성) der Engländer(데어 엥글렌더) 영국 사람(여성) die Engländerin(디 엥글렌더린)
미국 die Vereinten Staaten - die USA (디 페어라인텐 슈타텐-디 우에스아)	미국 국적 amerikanisch (아메리카니쉬)	미국 사람(남성) der Amerikaner(데어 아메리카너) 미국 사람(여성) die Amerikanerin(디 아메리카너린)

국가 Das Land (다스 란트)	국적 Die Nationalität (디 나치오날리테트)	국민 Das Volk (다스 폴크)
스위스 die Schweiz (디 슈바이쯔)	스위스 국적 schweizerisch (슈바이쩌리쉬)	스위스 사람(남성) der Schweizer(데어 슈바이쩌) 스위스 사람(여성) die Schweizerin(디 슈바이쩌린)
오스트리아 Österreich (외스터라이히)	오스트리아 국적 österreichisch (외스터라이히쉬)	오스트리아 사람(남성) der Österreicher(데어 외스터라이혀) 오스트리아 사람(여성) die Österreicherin(디 외스터라이혀린)
프랑스 Frankreich (프랑크라이히)	프랑스 국적 französisch (프란쬐지쉬)	프랑스 사람(남성) der Franzose(데어 프란쪼저) 프랑스 사람(여성) die Französin(디 프란쬐진)
이탈리아 Italien (이탈리엔)	이탈리아 국적 italienisch (이탈리에니쉬)	이탈리아 사람(남성) der Italiener(데어 이탈리에너) 이탈리아 사람(여성) die Italienerin(디 이탈리에너힌)
스페인 Spanien (슈파니엔)	스페인 국적 spanisch (슈파니쉬)	스페인 사람(남성) der Spanier(데어 슈파니어) 스페인 사람(여성) die Spanierin(디 슈파니어힌)

국가 **Das Land** (다스 란트)	국적 **Die Nationalität** (디 나치오날리테트)	국민 **Das Volk** (다스 폴크)
터키 die Türkei (디 튀르카이)	터키 국적 türkisch (튀르키쉬)	터키 사람(남성) der Türke(데어 튀르커) 터키 사람(여성) die Türkin(디 튀르킨)
중국 China (히나)	중국 국적 chinesisch (히네지쉬)	중국 사람(남성) der Chinese(데어 히네저) 중국 사람(여성) die Chinesin(디 히네진)
일본 Japan (야판)	일본 국적 japanisch (야파니쉬)	일본 사람(남성) der Japaner(데어 야파너) 일본 사람(여성) die Japanerin(디 야파너힌)

국적 묻기

국적이 어떻게 되세요?
Welche Nationalität haben Sie?
(벨헤 나치오날리테트 하벤 지)

국적이 무엇인지 대답할 때 사용하는 동사는 haben '있다'를 사용하지 않으며 sein 을 사용하여 '~는, ~에'로 표현해야 돼요. 뿐만 아니라 국적과 성별에 맞는 관사를 사용해줘야 합니다.

대답하는 사람의 국적

나는 ~   +   사람(명사)
Ich bin
(이히 빈)

나는 태국 사람이에요.
Ich bin Thailänderin.
(이히 빈 타이렌더린)

나는 독일 사람이에요.
Ich bin Deutsche.
(이히 빈 도이처)

나는 일본 사람이에요.
Ich bin Japaner.
(이히 빈 야파너)

어느 나라에서 왔는지 묻기

어느 나라에서 왔어요?
Woher kommmen Sie?
(보헤어 콤멘 지)

나는 ~서 왔어요

Ich komme (이히 콤메)	+	aus(아우스)	+	국가(남성/여성)
	+	aus der(아우스 데어)	+	국가(여성)
	+	aus den(아우스 덴)	+	국가(복수)

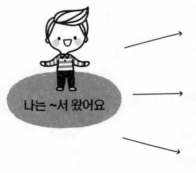

나는 독일에서 왔어요.
Ich komme aus Deutschland.
(이히 콤메 아우스 도이칠란트)

나는 스위스에서 왔어요.
Ich komme aus der Schweiz.
(이히 콤메 아우스 데어 슈바이쯔)

나는 미국에서 왔어요.
Ich komme aus den USA.
(이히 콤메 아우스 덴 우에스아)

국가의 명칭은 고유명사에 속하지만 스위스와 터키는 여성명사에 속하며 미국은 복수명사에 해당됩니다.

📝 Die Sprache 언어

태국어	독일어	영어	프랑스어	이탈리아어
Thailändisch	Deutsch	Englisch	Französisch	Italienisch
(타이렌디쉬)	(도이치)	(앵글리쉬)	(프란쬐지쉬)	(이탈리에니쉬)

	스페인어	터키어	중국어	일본어
	Spanisch	Türkisch	Chinesisch	Japanisch
	(슈파니쉬)	(튀르키쉬)	(히네지쉬)	(야파니쉬)

상대방이 어떤 언어를 사용하는지 묻기

어느 나라 말을 사용하세요?

Welche Sprache sprechen Sie?

(벨헤 슈프라케 슈프레헨 지)

나는 ~말을 써요
Ich spreche ...
(이히 슈프레케)

나는 독일어를 써요.
Ich spreche Deutsch.
(이히 슈프레케 도이치)

나는 프랑스어를 써요.
Ich spreche Französisch.
(이히 슈프레케 프란쬐지쉬)

나는 중국어를 써요.
Ich spreche Chinesisch.
(이히 슈프레케 히네지쉬)

나는 영어와 독일어를 써요.
Ich spreche Englisch
und Deutsch.
(이히 슈프레케 엥글리쉬 운트 도이치)

268

CHAPTER
22

사물 표현하기
Dinge und Personen
beschreiben

여러 가지 사물을 표현하기 위해서는 당연히 형용사 Adjektiv(아드옉티브)를 사용해야 하며 명사에 변화를 줘야 합니다. 하지만 절대 쉽게 포기하지 말아요! 이번 단원에는 매우 실용적인 내용을 소개합니다.

▶ MP3 22-01

✎ 형용사

많은 viel (필)		적은 wenig (베닉)	

큰 groß (그로쓰)		작은/조그마한 klein (클라인)	

좁은 schmal (슈말)		넓은 breit (브하이트)	

얕은 flach (플라크)		깊은 tief (티프)	

무거운 **schwer** (슈베어)			가벼운 **leicht** (라이히트)
두꺼운 **dick** (디크)			얇은 **dünn** (듄)
짧은 **kurz** (쿠흐쯔)			긴 **lang** (랑)
미끄러운 **glatt** (클라트)			거친 **rau** (라우)
화사한 **fröhlich** (프뢸리히)			칙칙한 **traurig** (트라우리히)
올바른 **richtig** (리히티히)			틀린 **falsch** (팔쉬)

매우 비싼			저렴한
teuer			**billig**
(토이어)			(빌릭)

빠른			느린
schnell			**langsam**
(슈넬)			(랑삼)

가득한			텅 빈
voll			**leer**
(폴)			(레어)

어려운			간단한, 쉬운
schwierig			**einfach**
(슈비어릭)			(아인파크)

뜨거운(음식)			식은, 차가운(음식)
warm			**kalt**
(밤)			(칼트)

🗒 형용사의 사용

사람이나 물건을 묘사하는 방법에는 두 가지가 있습니다.

sein(자인) 사용하기

어떤 사물의 모양을 묘사하고 싶다면 가장 간단한 방법을 사용하면 돼요.

물건 ✚ 은 ✚ 이 물건을 묘사하는 말(형용사)

ist
(이스트)

커피가 식었어요.
Der Kaffee ist kalt.
(데어 카페 이스트 칼트)

경사가 매우 완만해요.
Es ist flach.
(에스 이스트 플라흐)

책이 매우 두꺼워요.
Das Buch ist dick.
(다스 부흐 이스트 디크)

독일어가 편한 점이 하나 있다면 바로 형용사를 부사처럼 쓸 수 있다는 거예요. 주어가
무슨 동작을 하고 있는지 묘사하고 싶다면 이런 형태의 문장을 사용하면 됩니다.

```
주어   +   동사   +   묘사할 동작(부사)
```

위르겐은 빠르게 달려요.

Jürgen läuft schnell.

(위르겐 로이프트 슈넬)

그는 매우 느리게 써요.

Er schreibt langsam.

(에어 슈라입트 랑삼)

그녀는 매우 오래 살았어요.

Sie lebt lang.

(지 렙트 랑)

명사 앞에 두기

형용사의 또 다른 용법은 명사를 보충해주는 거예요. 보통 이런 식으로 써요.

그 남자

der Mann

(데어 만)

그 아이

das Kind

(다스 킨트)

그 여자

die Frau

(디 프라우)

그 아이들

die Kinder

(디 킨더)

만약 형용사 gut(구트) 좋다를 넣어 의미를 보충해주면 이렇게 될 거예요.

그 좋은 남자
der **gute** Mann
(데어 구트 만)

그 좋은 아이
das **gute** Kind
(다스 구트 킨트)

그 좋은 여자
die **gute** Frau
(디 구트 프라우)

그 좋은 아이들
die **guten** Kinder
(디 구튼 킨더)

배움의 과정은 언제나 쉽지만은 않습니다. 마지막의 '좋은'이 다른 것을 봤나요? 바로 guten 으로 썼어요. 형용사는 반드시 명사에 맞춰서 바꿔줘야 하기 때문이에요. 이것 역시 반드 시 외워야 하는 내용이에요. 그렇기 때문에 아래에 형용사의 변화 규칙표를 적어봤어요. 지금 외우지 않아도 괜찮아요. 자주 보다 보면 외울 수 있을 거예요!

정관사를 사용하는 명사

명사의 격	남성	중성	여성	복수
주격 Nominativ	der + -e der gute Mann	das + -e das gute Kind	die + -e die gute Frau	die + -en die guten Kinder
목적격 Akkusativ	den + -en den guten Mann	das + -e das gute Kind	die + -e die gute Frau	die + -en die guten Kinder
여격 Dativ	dem + -en dem guten Mann	dem + -en dem guten Kind	der + -en der guten Frau	den + -en den guten Kinder
소유격 Genitiv	des + -en des guten Mann	des + -en des guten Kind	der + -en der guten Frau	der + -en der guten Kinder

정관사를 사용하는 명사

명사의 격	남성	중성	여성	복수
주격 Nominativ	ein + -er ein guter Mann	ein + -es ein gutes Kind	eine + -e eine gute Frau	+ -e gute Kinder
목적격 Akkusativ	einen + -en einen guten Mann	ein + -es ein gutes Kind	eine + -e eine gute Frau	+ -e gute Kinder
여격 Dativ	einem + -en einem guten Mann(e)	einem + -en einem guten Kind (e)	einer + -en einer guten Frau	+ -en guten Kinder
소유격 Genitiv	eines + -en eines guten Mannes	eines + -en eines guten Kindes	einer + -en einer guten Frau	+ -er guter Kinder

여기에도 역시 en을 더해주는 부분이 있기 때문에 같이 외워주면 좋을 거예요.

```
     관사          +        형용사          +        명사
(명사에 따라 변화함)        (명사에 따라 변화함)
```

커브길

der breite Weg (데어 브라이터 베그)
ein breiter Weg (아인 브라이터 베그)

대형차

das große Auto (다스 그로쎄 아우토)
ein großes Auto (아인 그로쎄스 아우토)

어려운 시험

die schwierige Prüfung (디 슈비어리게 프뤼풍)
eine schwierige Prüfung (아이네 슈비어리게 프뤼풍)

즐거운 사람들

die fröhlichen Leute (디 프뢸리헨 로이테)
fröhliche Leute (프뢸리헤 로이터)

CHAPTER
23

감정과 느낌
Die Gefühle

정확한 감정의 표현은 자신과 타인을 이해하는데 더욱 좋을 거예요. 뿐만 아니라 대화가 더 매끄럽고 즐거워질 것입니다.

(▶ MP3 23-01)

📝 감정과 느낌

즐거운	힘든	배고픈	목마른
glücklich	traurig	hungrig	durstig
(글뤼크리히)	(트라우릭)	(훙릭)	(두흐스틱)

배부른	더운	추운	싫증난, 지친
satt	heiß	kalt	müde
(자트)	(하이쓰)	(칼트)	(뮈데)

279

역겨운, 불쾌한

übel

(위블)

편안한

wohl

(볼)

불편한

unwohl

(운볼)

긴장된

aufgeregt

(아우프게레그트)

희망찬

hoffnungsvoll

(호프눈스폴)

환멸을 느낀

enttäuscht

(엔트토이쉬트)

걱정하는

besorgt

(베조르그트)

고독한

einsam

(아인잠)

감격한

begeistert

(베가이슈테르트)

깜짝 놀란

überrascht

(위버라쉬트)

놀란

erstaunt

(에어슈타운트)

당황한

verwirrt

(페어비어트)

지친

erschöpft

(에어쇠프트)

놀란

erschrocken

(에어슈호켄)

겁먹은

bange

(방에)

실망한

frustriert

(프루스트리어트)

창피한

beschämt

(베솀트)

당황한

verlegen

(페어레겐)

기분이 상한

verstimmt

(페어슈팀트)

낯선

fremd

(프렘트)

지루한

langweilig

(랑바일리히)

화난

verärgert

(페어에르거르트)

자랑스러운

stolz

(슈톨즈)

자신 있는

selbstsicher

(젤브스트지혀)

📝 감정을 표현하기

감정을 표현할 때 사용하는 동사는 '~는'의 의미를 나타내는 sein이에요. 뒤에는 바로 감정을 나타내는 형용사를 사용하면 됩니다.

sein ~는					
ich (이히) 나	du (두) 너	Sie (지) 당신	er 그* sie es 단수명사	ihr (이어) 너희들	wir(비어) 우리들 Sie(지) 당신들 sie(지) 그들 복수명사
bin (빈)	bist (비스트)	sind (진트)	ist (이스트)	seid (자이트)	sind (진트)

나는 기분이 안 좋아.
Ich bin verstimmt !
(이히 빈 페어 슈팀트)

우리는 확실하지 않아.
Wir sind nicht sicher.
(비어 진트 니히트 지혀)

너는 너무 피곤해.
Du bist erschöpft.
(두 비스트 에어쇼프트)

그는 배가 불러.
Er ist satt.
(에어 이스트 자트)

CHAPTER
24

직업
Die Berufe

인문계 김나지움 Gymnasium(초등학교와 대학교를 연결하는 9년제 중고등학교)을 선택하지 않은 독일의 젊은이들은 보통 기술이나 전기 혹은 세일즈와 관련된 일을 합니다. 직업과 관련된 학교도 많을뿐더러 수입도 비교적 높은 편이기 때문이에요. 하지만 수입이 가장 높은 직업 die bestbezahlten Berufe(디 베스트베짤텐 베루페)에 대해 말하자면 의사를 빼놓을 수 없어요. 연봉이 15만 유로 혹은 매달 1,200만원에 달하는 수입을 받기도 해요.

가장 부럽다고 생각되는 점은 10대 고소득 직업 중에서 화학자가 있다는 것인데 1년 수입이 94,000유로에 달해요(1달에 약 900만원). 역시 화학 연구능력이 세계에서 1, 2위를 다투는 나라라고 할 만하죠?

▶ MP3 24-01

📝 직업

직업	남성	여성
학생	der Schüler (데어 쉴러)	die Schülerin (디 쉴러힌)
대학생	der Student (데어 슈투덴트)	die Studentin (디 슈투덴틴)
교사	der Lehrer (데어 레허)	die Lehrerin (디 레허힌)
대학강사	der Dozent (데어 도쩬트)	die Dozentin (디 도쩬틴)

직업	남성	여성
공무원	der Beamte (데어 베암테)	die Beamtin (디 베암틴)
군인	der Soldat (데어 졸다트)	die Soldatin (디 졸다틴)
변호사	der Rechtsanwalt (데어 레히츠안발트)	die Rechtsanwältin (디 레히츠안벨틴)
경찰	der Polizist (데어 폴리찌스트)	die Polizistin (디 폴리찌스틴)
농부	der Landwirt (데어 란트비허트)	die Landwirtin (디 란트비허틴)
농부, 건축업자	der Bauer (데어 바우어)	die Bäuerin (디 보이어린)
어부	der Fischer (데어 피셔)	die Fischerin (디 피셔린)
수공예자	der Handwerker (데어 한트베르커)	die Handwerkerin (디 한트베르커린)
화가	der Maler (데어 말러)	die Malerin (디 말러린)

직업	남성	여성
가수	der Sänger (데어 젱어)	die Sängerin (디 젱어린)
연기자	der Schauspieler (데어 샤우슈필러)	die Schauspielerin (디 샤우슈필러린)
작가	der Schriftsteller (데어 슈리프트슈텔러)	die Schriftstellerin (디 슈리프트슈텔러린)
번역가	der Übersetzer (데어 위버제쩌)	die Übersetzerin (디 위버제쩌린)
통역사	der Dolmetscher (데어 돌메쳐)	die Dolmetscherin (디 돌메쳐린)
의사	der Arzt (데어 아흐쯔트)	die Ärztin (디 에흐쯔틴)
수의사	der Tierarzt (데어 티어아흐쯔트)	die Tierärztin (디 티어에흐쯔틴)
치과의사	der Zahnarzt (데어 짠아흐쯔트)	die Zahnärztin (디 짠에흐쯔틴)
약사	der Apotheker (데어 아포테커)	die Apothekerin (디 아포터키린)
아나운서	der Nachrichtensprecher (데어 낙흐히텐슈프레커)	die Nachrichtensprecherin (디 낙흐히텐슈프레커린)
기자	der Journalist (데어 주르날리스트)	die Journalistin (디 주르날리스틴)

직업	남성	여성
운동	der Sportler (데어 슈포르틀러)	die Sportlerin (디 슈포르틀러힌)
회사원	der Angestellte (데어 안게슈텔트)	die Angestellte (디 안게슈텔트)
상인/점주	der Geschäftsmann (데어 게쉐프츠만)	die Geschäftsfrau (디 게쉐프츠프라우)
판매원	der Verkäufer (데어 페어코이퍼)	die Verkäuferin (디 페어코이퍼힌)
여행가이드	der Reiseführer (데어 라이제퓌러)	die Reiseführerin (디 라이제퓌러힌)
정치가	der Politiker (데어 폴리티커)	die Politikerin (디 폴리티커힌)
엔지니어	der Ingenieur (데어 잉저니어)	die Ingenieurin (디 잉저니어힌)
건축가	der Architekt (데어 아키테크트)	die Architektin (디 아키테크틴)
파일럿	der Pilot (데어 필로트)	die Pilotin (디 필로틴)
사진사	der Fotograf (데어 포토그라프)	die Fotografin (디 포토그라핀)
안내 책임자	der Empfangschef (데어 엠팡스쉐프)	die Empfangsdame (디 엠팡스타머)

직업	남성	여성
사서	der Bibliothekar (데어 비블리오테카)	die Bibliothekarin (디 비블리오테카힌)
재단사	der Schneider (데어 슈나이더)	die Schneiderin (디 슈나이더힌)
웨이터	der Kellner (데어 켈너)	die Kellnerin (디 켈너힌)
기계 수리공	der Mechaniker (데어 메햐니커)	die Mechanikerin (디 메햐니커힌)
소방관	der Feuerwehrmann (데어 포이어베어만) 	die Feuerwehrfrau (디 포이어베어프라우)
기업가	der Unternehmer (데어 운터네머)	die Unternehmerin (디 운터네머힌)
우체부	der Briefträger (데어 브리프트레거)	die Briefträgerin (디 브리프트레거힌)
기업 고문	der Unternehmensberater (데어 운터네멘스베라터)	die Unternehmensberaterin (디 운터네멘스베라터힌)

직업의 성별을 여성으로 바꾸기

독일어의 직업은 남성과 여성이 서로 다른 단어를 사용해요. 영어에서는 남학생이든 여학생이든 모두 student를 사용하는 것과는 다르게 말이에요. 남성의 직업 중 여성으로 바꾸어서 사용할 수 있는 단어도 있는데 그 규칙은 이렇습니다.

1. 남성 직업 명칭의 끝이 –er이나 –st일 경우 –in을 넣어주면 여성으로 바꿀 수 있으며 관사도 그대로 die로 해주면 돼요.

er + in	남성	여성
기자	der Journalist (데어 주르날리스트)	die Journalistin (디 주르날리스틴)
작가	der Autor (데어 아우토어)	die Autorin (디 아우토힌)
웨이터	der Kellner (데어 켈너)	die Kellnerin (디 켈너힌)
교사	der Lehrer (데어 레허)	die Lehrerin (디 레허힌)
학생	der Schüler (데어 쉴러)	die Schülerin (디 쉴러힌)
의사	der Arzt (데어 아흐쯔트)	die Ärztin (디 에흐쯔틴)

2. -mann으로 끝나는 부분을 -frau로 바꿔주면 돼요(매우 적음).

mann >>> frau	남성	여성
상인/점주	der Geschäftsmann (데어 게쉐프츠만)	die Geschäftsfrau (디 게쉐프츠프라우)
청소부	der Putzmann (데어 푸츠만)	die Putzfrau (디 푸츠프라우)
남자/여자 가정주부	der Hausmann (데어 하우스만)	die Hausfrau (디 하우스프라우)

▶ MP3 24-02

📝 직업에 대해 묻기

상대방이 무슨 일을 하는지 물어보는 것은 일반적으로 그 사람과 별로 가깝지 않다는 것을 의미하기 때문에 상대방에 대한 칭호를 'Sie(지) 당신'으로 해야 예의가 있다고 할 수 있겠죠!

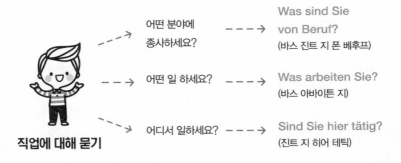

어떤 분야에
종사하세요? - - - → Was sind Sie
von Beruf?
(바스 진트 지 폰 베후프)

어떤 일 하세요? - - - → Was arbeiten Sie?
(바스 아바이튼 지)

어디서 일하세요? - - - → Sind Sie hier tätig?
(진트 지 히어 테틱)

직업에 대해 묻기

대답하기

나는 ~	+	직업
Ich bin		
(이히 빈)		

나는 교사예요.

Ich bin Lehrer.

(이히 빈 레허)

나는 화가예요.

Ich bin Maler.

(이히 빈 말러)

나는 엔지니어에요.

Ich bin Ingenieur.

(이히 빈 잉저니어)

나는 나의 가게가 있어요.

Ich habe mein eigenes Geschäft.

(이히 하베 마인 아이게네스 게쉐프트)

나는 자영업을 해요.

Ich bin selbständig.

(이히 빈 젤브슈텐딕)

CHAPTER 24

✍️ 장래 희망 묻기

이번에도 같아요. 상대방이 친하지 않은 사람이라면 칭호를 'Sie(지) 당신'을 사용해야 할 거예요. 하지만 상대방이 선배나 후배처럼 가까운 사이라면 칭호로 du(두)를 사용해도 좋아요.

전공이 뭐예요?
Was studieren Sie?
(바스 슈투디어헨 지)

뭐가 되고 싶어요?
Was möchten Sie werden?
(바스 뫼히텐 지 베허덴)

장래 희망 묻기

어떤 사람이 되고 싶어요?
Was möchtest du werden?
(바스 뫼히테스트 두 베허덴)

졸업 후에는 무엇을 할 거예요?
Was möchten Sie nach dem
Studium arbeiten?
(바스 뫼히텐 지 낙흐 뎀 슈투디움 아바이덴)

나는 ~가 되고 싶어요.

Ich möchte ...   +   하고 싶은 직업   +   werden
(이히 뫼히테)   (베허덴)

292

나는 파일럿이 되고 싶어요.

Ich möchte Pilot werden.

(이히 뫼히테 필로트 베허덴)

나는 교사가 되고 싶어요.

Ich möchte Lehrer werden.

(이히 뫼히테 레허 베허덴)

나는 의사가 되고 싶어요.

Ich möchte Arzt werden.

(이히 뫼히테 아흐쯔트 베허덴)

나는 계속 공부를 하고 싶어요.

Ich möchte weiter studieren.

(이히 뫼히테 바이터 슈투디어헨)

나는 아직 모르겠어요.

Ich habe noch keine Ahnung.

(이히 하베 녹흐 카이네 아눙)

CHAPTER
25

운동과 여가활동
Der Sport und
die Freizeitaktivitäten

독일은 스포츠로 매우 잘 알려진 나라입니다. 거의 모든 항목의 스포츠에서 10위권을 다투는 나라인데, 이는 매우 어렸을 때부터 교육을 받기 때문이에요. 거의 모든 남자아이들은 축구하는 것을 매우 좋아하고, 국민들은 대개 자신의 도시에 속한 축구팀을 응원할 거예요. 반면 여자아이들은 조금 더 다양한 스포츠를 좋아해요. 아이스하키나 스케이트 같은 운동 말이죠.

독일 사람들은 교실 밖의 교육을 중시하기 때문에 아이들에게 야외활동을 많이 가르치고 연습시켜요. 하지만 아시아 국가들처럼 그렇게 날이 어두워질 때까지 하지는 않지요. 그래서 독일의 아이들은 자란 후 감성 Emotionsquotient(이모치온스쿠보치엔트)이 상당히 높고 책임감도 좋으며, 창의력이 매우 뛰어납니다.

독일 사람들은 이밖에도 날씨가 좋은 날에 여가활동을 하는 것을 좋아합니다. 배를 타고 강가를 구경하거나 공원에서 자전거를 타는 것처럼 말이죠. 울창한 숲에서 대자연을 감상하는 사람들도 많아요. 독일사람들이 이렇게 자연을 좋아하는 것만큼 그들의 생활수준도 높다는 걸 알 수 있겠죠!

▶ MP3 25-01

📝 Der Sport 스포츠

농구
der Basketball
(데어 바스케트발)

배구
der Volleyball
(데어 볼리발)

축구
der Fußball
(데어 푸쓰발)

배드민턴

das Badminton

(다스 바트민톤)

테니스

das Tennis

(다스 테니스)

탁구

das Tischtennis

(다스 티쉬테니스)

수영

das Schwimmen

(다스 슈빔멘)

복싱

das Boxen

(다스 복쓴)

볼링

das Bowling

(다스 볼링)

무에타이

das Thaiboxen

(다스 타이복쓴)

골프

das Golf

(다스 골프)

스포츠에 대해 대화하기

운동 좋아하세요?
Treiben Sie gern Sport?
(트라이벤 지 게흔 슈포르트)

네, 운동 좋아해요.
Ja. Ich treibe gerne Sport.
(야. 이히 트라이베 게흐네 슈포르트)

아니요, 운동 안 좋아해요.
Nein. Ich treibe gar keinen Sport.
(나인. 이히 트라이베 가 카이넨 슈포르트)

무슨 스포츠 좋아하세요?

스포츠의 종류를 물어볼 때 의문 형태의 Welchen Sport(벨헨 슈포르트) ~?를 사용하며 뜻은 '어떤 스포츠를 좋아하세요?' 입니다.

어떤 종류의 스포츠를 좋아하세요?
Welchen Sport treiben Sie gern?
(벨헨 슈포르트 트라이벤 지 게흔)

운동에 대해 이야기할 때, 그 운동이 만약 공이나 기구를 가지고 하는 거라면 동사로
spielen(슈필렌)을 사용해요.

나는 ~를 좋아해요

Ich spiele gern   +   운동 명칭
(이히 슈필레 게흔)

나는 축구하는 것을 좋아해요.
Ich spiele gern Fußball.
(이히 슈필레 게흔 푸쓰발)

나는 탁구하는 것을 좋아해요.
Ich spiele gern Tischtennis.
(이히 슈필레 게흔 티쉬테니스)

하지만 수영이나 무에타이 요가 등의 운동은 machen(막흔)이나 gehen(게헨)을 사용해요.

나는 ~를 좋아해요

Ich gehe/mache gern + 운동 명칭
(이히 게헤/막흐 게흔)

나는 수영을 좋아해요.
Ich gehe gern schwimmen.
(이히 게헤 게흔 슈빔멘)

나는 요가를 좋아해요.
Ich mache gern Yoga.
(이히 막흐 게흔 요가)

인터넷 서핑
Internet surfen
(인터르네트 주르펜)

체스
Schach spielen
(샤크 슈필렌)

그림 그리기
zeichnen
(짜이히넨)

컴퓨터 게임 하기
Computerspiele
spielen
(콤푸터슈필레 슈필렌)

사진 찍기
fotografieren
(포토그라피어흔)

피아노 치기
Klavier spielen
(클라비어 슈필렌)

영화 보기
ins Kino gehen
(인스 키노 게헨)

노래 부르기
singen
(징엔)

쇼핑하기
ein|kaufen
(아인 카우펜)

음악 감상
Musik hören
(무지크 회렌)

춤추기
tanzen
(탄젠)

카드 놀이
Karten spielen
(카르텐 슈필렌)

독서
lesen
(레젠)

앞에서 말한 모든 단어는 모두 동사이기 때문에 –en으로 끝나요. 여기서 주의해야 할 점은 일부 동사들은 명사 앞에 위치한다는 거예요(대문자로 시작). 예를 들면 Karten spielen(카르텐 슈필렌)에서 Karten은 목적어고 spielen은 동사예요. 그렇기 때문에 Karten을 뒤가 아닌 앞에 둔 거예요. 바로 원형동사이기 때문이에요.

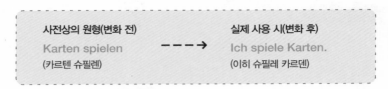

사전상의 원형(변화 전)
Karten spielen
(카르텐 슈필렌)

- - - →

실제 사용 시(변화 후)
Ich spiele Karten.
(이히 슈필레 카르덴)

그렇기 때문에 명사를 동사의 뒤에 위치시킬 때 실제 문장 구성에서 목적어를 뒤로 보내야 한다는 것을 잊지 말아요!

여가활동에 대해 이야기하기
여가생활에 대해 질문할 때 문장의 시작은 Was(바스)로 할 거예요.

여가활동에
대해 묻기

어떤 취미가 있어요?
Was sind Ihre Hobbys?
(바스 진트 이어레 호비스)

시간 있을 때 주로 뭐하세요?
Was machen Sie in Ihrer Freizeit?
(바스 막흔 지 인 이어러 프라이짜이트)

시간 있을 때 주로 무엇을 하냐는 질문에 대답할 때는 앞에서 얘기했던 동사에서 골라서 문장을 구성해주면 돼요.

취미활동에 대해 이야기하기

나는	+	동사	+	좋아한다	+	목적어 / 접두사(만약 있을 경우)
Ich (이히)				gern (게흔)		

나는 게임하는 걸 좋아해요.   – – →   Ich **spiele** gern **Computerspiele.**
(Computerspiele spielen)   (이히 슈필레 게흔 콤푸터슈필레)

나는 쇼핑하는 걸 좋아해요.   – – →   Ich **kaufe** gern **ein.**
(ein|kaufen)   (이히 카우페 게흔 아인)

나는 음악 듣는 걸 좋아해요.   – – →   Ich **höre** gern **Musik.**
(Musik hören)   (이히 회허 게흔 무지크)

나는 인터넷 서핑하는 걸 좋아해요. – – →   Ich **surfe** gern **im Internet.**
(Internet surfen)   (이히 서퍼 게흔 임 인터넷)

나는 독서를 좋아해요.   – – →   Ich **lese** gern.
(lesen)   (이히 레즈 게흔)

CHAPTER 25

CHAPTER
26

동물
Die Tiere

아파트에 거주하는 많은 독일 사람들은 강아지나 고양이 새 같은 작은 동물을 키웁니다. 그리고 단독주택에 사는 사람들은 비교적 큰 동물들을 키우는 것을 좋아해요. 그중 개는 아마 독일 사람들이 가장 좋아하는 동물이라고 말할 수 있을 거예요. 어느 조사에 따르면 독일 사람들이 동물을 키우는데 사용하는 비용이 아이들을 키우는데 드는 비용보다 크다는 얘기가 있어요. 심지어 개는 독일 가정의 경제지표를 나타내는 데 쓰이기도 할 정도예요. 독일에도 동물원 스타가 있어요. 우리나라의 에버랜드나 서울랜드의 동물처럼 독일에는 베를린 동물원의 귀여운 북극곰 '크누트 Knut'가 있어요. 크누트는 태어날 때 엄마 곰의 사랑을 받지 못하고 동물원 직원들에게 보살핌을 받았어요. 크누트의 크고 귀여운 눈은 많은 사람들의 사랑을 받았고, 스타가 된 후 베를린 동물원에 큰 돈을 벌어다 주었어요. 하지만 몇 년 뒤 뇌에 종양이 생겨서 세상을 떠났습니다.

▶ MP3 26-01

die Haustiere(디 하우스티어허) 애완동물

강아지
der Hund
(데어 훈트)

고양이
die Katze
(디 카쩨)

새
der Vogel
(데어 포겔)

쥐
die Maus
(디 마우스)

토끼
das Kaninchen
(다스 카닌켄)

거북이
die Schildkröte
(디 쉴트크뢰테)

닭
das Huhn
(다스 훈)

오리
die Ente
(디 엔테)

돼지
das Schwein
(다스 슈바인)

소
die Kuh
(디 쿠)

양
das Schaf
(다스 샤프)

산양
die Ziege
(디 찌거)

개구리
der Frosch
(다스 프로쉬)

말
das Pferd
(다스 페흐드)

die Wildtiere(디 빌트티어허) 야생 동물

곰

der Bär

(데어 베어)

북극곰

der Eisbär

(데어 아이스베어)

팬더

der Panda

(데어 판다)

호랑이

der Tiger

(데어 티거)

사자

der Löwe

(데어 뢰버)

사슴

der Hirsch

(데어 히르쉬)

기린

die Giraffe

(디 기라퍼)

하마

das Nilpferd

(다스 닐페르트)

원숭이

der Affe

(데어 아퍼)

뱀

die Schlange

(디 슐랑어)

악어

das Krokodil

(다스 크로코딜)

코끼리

der Elefant

(데어 엘레판트)

물고기
der Fisch
(데어 피쉬)

새우
die Garnele
(디 가르넬러)

게
die Krabbe
(디 크라버)

조개
die Muschel
(디 무쉘)

die Insekten(디 인제크텐) 곤충

벌
die Biene
(디 비너)

나비
der Schmetterling
(데어 슈메터링)

개미
die Ameise
(디 아마이저)

모기
die Mücke
(디 뮈커)

- -

용
der Drache
(데어 드라허)

제일 좋아하는 것에 대해 말하기

동물이든, 음식이든, 색깔이든 혹은 좋아하는 아이돌이든 관계없이 자신이 가장 좋아하는 것을 말할 때는 좋아하는 것 앞에 Lieblings(리블링스)를 더합니다. 예를 들어볼게요.

가장 좋아하는 ~   동물   가장 좋아하는 동물
Lieblings-   **+** Tier   **=** Lieblingstier
(리블링스)   (티어)   (리블링스티어)

가장 좋아하는 ~   색깔   가장 좋아하는 색깔
Lieblings-   **+** Farbe   **=** Lieblingsfarbe
(리블링스)   (파르베)   (리블링스파르베)

가장 좋아하는 ~   음식   가장 좋아하는 음식
Lieblings-   **+** Essen   **=** Lieblingsessen
(리블링스)   (에쎈)   (리블링스에쎈)

가장 좋아하는 ~   연예인   가장 좋아하는 연예인
Lieblings-   **+** Schauspieler   **=** Lieblingsschauspieler
(리블링스)   (샤우슈필러)   (리블링스샤우슈필러)

상대방이 가장 좋아하는 동물이 무엇인지 한번 물어볼까요?

가장 좋아하는 애완동물이 뭐예요?
Was ist Ihr Lieblingshaustier?
(바스 이스트 이어 리블링스하우스티어)

가장 좋아하는 동물이 뭐예요?
Was ist Ihr Lieblingstier?
(바스 이스트 이어 리블링스티어)

우리가 좋아하는 동물을 말할 때 사용하는 관사는 **der**(데어)/**die**(디)/**das**(다스)예요.

내가 좋아하는 동물은 ~예요

Mein Lieblingstier ist der/die/das   ＋   좋아하는 동물
(마인 리블링스티어 이스트 데어/디/다스)

내가 좋아하는 동물은 고양이예요.
Mein Lieblingstier ist die Katze.
(마인 리블링스티어 이스트 디 카쩨)

내가 좋아하는 동물은 강아지예요.

Mein Lieblingstier ist der Hund.

(마인 리블링스티어 이스트 데어 훈트)

내가 좋아하는 동물은 곰이에요.

Mein Lieblingstier ist der Bär.

(마인 리블링스티어 이스트 데어 베어)

만약 상대방이 애완동물을 키우고 있는지 궁금하다면 이렇게 물어보세요.

애완동물 키우세요?

Haben Sie Haustiere?

(하벤 지 하우스티어허)

무슨 동물을 키우는지 대답하거나 키우고 있는 동물이 있을 경우 이렇게 말하면 돼요.

나는 ~를 키워요

Ich habe   +   애완동물의 수량   +   키우고 있는 동물(목적격)

(이히 하베)

만약 키우는 동물이 한 마리뿐이라면 부정관사 einen(아이넨)/ein(아인)/eine(아이네)를 사용하고, 한 마리 이상의 동물을 키운다면, 복수형용사를 사용해야 하는 걸 잊지 말아요.

나는 개 한 마리를 키워요.
Ich habe einen Hund.
(이히 하베 아이넨 훈트)

나는 고양이 두 마리를 키워요.
Ich habe zwei Katzen.
(이히 하베 쯔바이 카쩬)

나는 쥐 한 마리와 토끼 한 마리를 키워요.
Ich habe eine Maus und ein Kaninchen.
(이히 하베 아니네 마우스 운트 아인 카닌켄)

나는 애완동물을 키우지 않아요.
Ich habe keine Haustiere.
(이히 하베 카이네 하우스티어허)

자연

Die Natur

독일은 공업과 기술대국이지만 독일 사람들은 자연을 상당히 좋아해서 주말이나 휴일이면 산림공원 같은 곳에서 자연을 만끽하는 모습을 볼 수 있을 거예요.

독일에서 가장 유명한 숲은 '검은 숲 Schwarzwald(슈바르쯔발트)' 입니다. 비록 여러 차례의 토네이도 같은 자연재해 때문에 적지 않은 산림이 손실됐지만, 독일 사람들의 열렬한 복구 운동 덕분에 이 진귀한 산림을 지켜 숲이 다시 자라게 되었어요.

▶ MP3 27-01

📝 Die Natur 자연

지구
die Erde
(디 에허더)

우주
das All
(다스 알)

땅
der Erdboden
(데어 에흐트보든)

빙하
der Gletscher
(데어 글레처)

달
der Mond
(데어 몬트)

태양
die Sonne
(디 조너)

별
der Stern
(데어 슈테흔)

하늘
der Himmel
(데어 힙믈)

CHAPTER 27

하천
der Fluss
(데어 플루쓰)

바다
das Meer
(다스 메어)

모래사장
der Strand
(데어 슈트란트)

산
der Berg
(데어 베흑크)

숲
der Wald
(데어 발트)

동굴
die Höhle
(디 휠러)

파도
die Welle
(디 벨러)

호수
der See
(데어 제)

시냇물
der Bach
(데어 바흐)

늪
der Sumpf
(데어 줌프)

협곡
das Tal
(다스 탈)

사막
die Wüste
(디 뷔스터)

문구

Die Schreibwaren

우리나라에서 인기가 많은 문구 브랜드의 일부는 독일산입니다. 우리에게 익숙한 '스테들러 Staedtler'와 '파버카스텔 Faber castell'은 모두 문구 업계에서 오래된 것들이고 Lamy(라미)의 만년필은 오랫동안 예술가들 사이에서 사랑을 받아온 브랜드예요. 뛰어난 그립감과 가벼운 중량은 매우 높은 시장 점유율을 갖게 했어요. 모두 독일 기업이랍니다.

(▶) MP3 28-01

📝 DIe Schreibwaren 문구

볼펜	der Kulgelschreiber	(데어 쿠겔슈라이버)
볼펜(간략한 명칭)	der Kuli	(데어 쿨리)
만년필	der Füller	(데어 퓔러)
형광펜	der Textmarker	(데어 텍스트마르커)
연필	der Bleistift	(데어 블라이슈티프트)
샤프	der Druckbleistift	(데어 드루크블라이슈티프트)
자	das Lineal	(다스 리니알)
연필깎이	der Spitzer	(데어 슈피쩌)
필통	der Federkasten	(데어 페더카스텐)
지우개	der Radiergummi	(데어 라디어구미)

수정액	der Korrekturstift	(데어 코레크트투어슈티프트)
가위	die Schere	(디 쉐허)
딱풀	der Klebstift	(데어 클렙슈티프트)
색연필	der Farbstift	(데어 파르브슈티프트)
크레용	der Buntstift	(데어 분트슈티프트)
종이	das Papier	(다스 파피어)
공책	das Heft	(다스 헤프트)
서류철	der Hefter	(데어 헤프터)
클립	die Drahtklammer	(디 드라트클라머)
봉투	das Verpackungsband	(다스 페어파쿵스반트)
(투명) 테이프	das Klebeband	(다스 클레베반트)
컴퓨터	der Rechner	(데어 레히너)
복사기	der Fotokopierer	(데어 포토코피어러)
종이집게	die Büroklammer	(디 뷔호클라머)
포장지	der Umschlag	(데어 움슐라그)
탁상용 달력	der Tischkalendar	(데어 티쉬칼렌다)

~좀 빌려주세요

동사 '빌리다'는 분리동사로 아래 형태의 문장으로 말할 수 있어요.

~좀 빌릴수 있을까요?

되다		나				빌리다
Kann	+	ich	+	빌리고 싶은 물건	+	ausleihen?
(칸)		(이히)				(아우스라이헨)

빌리고 싶은 물건 앞에 관사가 와야 한다는 것을 잊지 말아요! 그런데 사용할 수 있는 관사는 der(데어)/die(디)/das(다스)나 ein(아인)/eine(아이네) 뿐이라는 것도 잊으면 안 됩니다. 여러 가지 격에서 사용할 수 있는 형태를 알아볼게요. 아래는 Sie(지)의 소유격이에요.

Ihren(이어렌)　　+　　명사(남성, 단수)

Ihr(이어)　　+　　명사(중성, 단수)

Ihre(이어레)　　+　　명사(여성, 단수)

Ihre(이어레)　　+　　명사(복수)

CHAPTER 28

연필 좀 빌려줄 수 있어?

Kann ich Ihren Bleistift ausleihen?

(칸 이히 이어헨 블라이슈티프트 아우스라이헨)

물론이지 여기.

Ja, da ist er.

(야, 다 이스트 에어)

자 좀 빌릴 수 있어?

Kann ich Ihr Lineal ausleihen?

(칸 이히 이어 리니알 아우스라이헨)

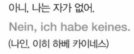

아니, 나는 자가 없어.

Nein, ich habe keines.

(나인, 이히 하베 카이네스)

색연필 좀 빌릴 수 있을까?

Kann ich Ihre Farbstifte ausleihen?

(칸 이히 이어허 파르브슈티프테 아우스라이헨)

물론이지.

Gerne.

(게흐네)

수정액 좀 빌릴 수 있어?

Kann ich Ihren Korrekturstift ausleihen?

(칸 이히 이어헨 코레크투어슈티프트 아우스라이헨)

당연하지.

Natürlich. Kein Problem.

(나튈리히 카인 프로블렘)

CHAPTER
29

교육
Die Bildung

독일의 교육 수준은 매우 높은 편입니다. 그래서 우리나라를 포함한 여러 나라의 학생들이 독일에 가서 유학을 하고 있는데 가장 인기가 많은 전공은 공학과 자료공학이에요. 우리나라의 대학들도 독일의 여러 대학과 교환학생을 맺고 있어요.

▶ MP3 29-01

📝 Das Schulsystem 교육 제도

독일은 각 주마다 서로 다른 교육체계를 가지고 있습니다. 1학년부터 4학년까지(초등학교 1학년에서 4학년에 해당)는 모두 같은 내용을 배워요. 하지만 5, 6학년이 되면 개인의 특성을 찾는 시기에 속하기 때문에 아이들은 자신이 배우고 싶은 직업이나 기술을 배울 수 있어요. 만약 일반적인 중학교에서 대학으로 진학하는 길을 가게 되면 아래의 방법들을 선택할 수 있어요.

Hauptschule (하우프트슐러)	기본 학교, 과학이 차지하는 비중이 낮음
Realschule (레알슐러)	실업학교, 10학년까지의 교육과정이며 우리나라의 고1에 해당됨. 기술 전문과정으로 진학할 수 있음
Gesamtschule (게잠트슐러)	종합학교, 종합형의 학교라고 할 수 있음, 대학까지 진학할 수 있으며 기술 전문과정으로도 진학할 수 있음.
Gymnasium (김나지움)	인문계 학교 일반 학교와 같으며 8~9년을 공부한 후 마지막 1년은 그동안 배운 내용을 다루는 학력고사가 있음.

학교의 등급

예비학교
die Vorschule
(디 포어슐러)

예비학교생
das Vorschulkind
(다스 포어슐킨트)

유치원
der Kindergarten
(데어 킨더가르텐)

유치원생
das Kindergartenkind
(다스 킨터가르텐킨트)

초등학교
die Grundschule
(디 그룬트슐러)

초등학생/중학생(남자)
der Schüler
(데어 쉴러)

중학교
die Sekundärschule
(디 제쿤데슐러)

초등학생/중학생(여자)
die Schülerin
(디 쉴러힌)

인문계학교
das Gymnasium
(다스 김나지움)

인문계학교 학생(남자)
der Gymnasiast
(데어 김나지아스트)

인문계학교 학생(여자)
die Gymnasiastin
(디 김나지아스틴)

수험생(남자)
der Abiturient
(데어 아비투어리엔트)

수험생(여자)
die Abiturientin
(디 아비투어리엔틴)

고등학교

고등학교	die Hochschule	(디 호크슐러)
대학교	die Universität	(디 우니베르시테트)

대학생(남자)	der Student	(데어 슈투덴트)
대학생(여자)	die Studentin	(디 슈투덴틴)

대학교 1학년	1 der Studienanfänger	(데어 슈투디엔안펭어)
대학교 2학년	2 der Student im zweiten Jahr	(데어 슈투덴트 임 쯔바이텐 야)
대학교 3학년	3 der Student im dritten Jahr	(데어 슈투덴트 임 드리텐 야)
대학교 4학년	4 der Seniorenstudent	(데어 제니오렌슈투덴트)

석사과정 학생	der Magister	(데어 마기스터)
박사과정 학생	der Doktorand	(데어 도크토어란트)
학사학위(인문계)	der Bachelor	(데어 베첼러)
석사학위(인문계)	der Magister	(데어 마기스터)
석사학위(이공계)	das Diplom	(다스 디플롬)
박사학위(인문계)	das Doktorat	(다스 도크토어라트)
명예 박사	der Ehrendoktor	(데어 에렌도크토어)

학교와 관련된 사람들

학장, 학부장(남자)
der Dekan
(데어 데칸)

학장, 학부장(여자)
die Dekanin
(디 데카닌)

초등, 중학교 교장(남자)
der Schulleiter
(데어 슐라이터)

초등, 중학교 교장(여자)
die Schulleiterin
(디 슐라이터린)

지도교수(남자)
der Betreuer
(데어 베트로이어)

지도교수(여자)
die Betreuerin
(디 베트로이어린)

상담교수(남자)
der Studienberater
(데어 슈투디엔베라터)

상담교수(여자)
die Studienberaterin
(디 슈투디엔베라터린)

교직원(남자)
der Sachbearbeiter
(데어 자크베아르마이터)

교직원(여자)
die Sachbearbeiterin
(디 자크베아르바이터린)

학교와 관련된 장소들

교실(강의실)
die Klasse
(디 클라쎄)

강연장
der Vorlesungssaal
(데어 포어레중스잘)

학생식당
die Mensa
(디 멘자)

도서관
die Bibliothek
(디 비블리오테크)

(대학의)대형 강의실	der Hörsaal	(데어 회어잘)
운동장	der Schulhof	(데어 슐호프)
체육관	die Turnhalle	(디 투른할레)
사물함	das Schließfach	(다스 쉴리스파크)
비서실	das Sekretariat	(다스 제크레타리아트)

기타

교과서
das Lehrbuch
(다스 레르부흐)

성적표
das Zeugnis
(다스 쪼이그니스)

학사 가운
die Robe
(디 호버)

학사모
die Mütze
(디 뮈쩨)

졸업생
der Absolvent
(데어 압졸벤트)

MP3 29-02

📝 교육에 대해 묻기

독일 사람과 대화할 기회가 생기면 어떤 대학교를 다니고 있는지 묻기도 합니다. 그
럴 때는 이렇게 말해보세요!

어느 대학교에 다니세요?
Wo studieren Sie?
(보 슈투디어헨 지)

어디서 공부하는지 대답하기

동사 공부하다는 lernen(레흐넨)과 studieren(슈투디어헨) 두 가지가 있습니다. lernen
은 그것이 언어든, 요리든, 수학이든 관계없이 배우는 것이나 대학교 이하의 학교에서
배우는 것을 말할 때 쓰는 말이에요.

> **저는 ~에서 공부해요**
>
> Ich lerne an der ＋ 대학교 이름 ＋ Schule.
> (이히 레허네 안 데어) (슐러)

330

나는 괴테 문화원에 다녀요.

Ich lerne am Goethe-Institut.

(이히 레허네 암 괴데 인스티튜트)

나는 Pattana-suksa 학교에 다녀요.

Ich lerne an der Pattanasuksa
Schule.

(이히 레허네 안 데어 파타나주크자 슐러)

studieren(슈투디어헨)은 대학교 전공 공부를 말할 때 쓰는 말이에요.

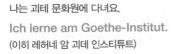

나는 ~학교에 다녀요

Ich studiere an der   **+**   학교 이름   **+**   Universität.

(이히 슈투디어헤 안 데어)   (우니베르시테트)

나는 베를린 공과대학교에 다녀요.

Ich studiere an der TU Berlin.

(이히 슈투디어헤 안 데어 테우 베를린)

나는 랭싯 대학교에 다녀요.

Ich studiere an der Rangsit Universität.

(이히 슈투디어헤 안 데어 랭싯 우니베르시테트)

사용할 수 있는 동사가 하나 더 있어요. 그건 바로 besuchen(베주켄)인데, 이 단어는
방문하다의 의미 이외에도 학교에 다니다라는 뜻을 가지고 있어서 뒤에 다니고 있는
학교의 이름을 넣으면 '나는 ~학교에 다녀요'라는 뜻이 돼요.

나는 ~학교에 다녀요

Ich besuche die   **+**   학교 이름   **+**   Schule.
(이히 베주케 디)   (쉴러)

나는 Pattana-suksa 학교에 다녀요.

Ich besuche die Pattanasuksa Schule.

(이히 베주케 디 파타나주크자 쉴러)

어느 대학교를 졸업했는지 말하기

나는 ~대학교를 졸업했어요

Ich habe an der   +   대학이름   +   Universität studiert.
(이히 하베 안 데어)   (우니베르시테트 슈투디어트)

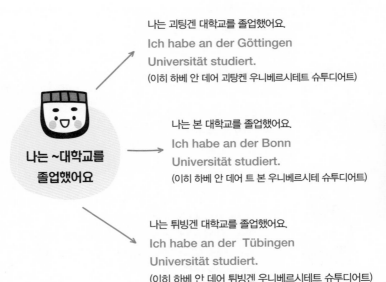

나는 괴팅겐 대학교를 졸업했어요.
Ich habe an der Göttingen
Universität studiert.
(이히 하베 안 데어 괴탕켄 우니베르시테트 슈투디어트)

나는 ~대학교를
졸업했어요

나는 본 대학교를 졸업했어요.
Ich habe an der Bonn
Universität studiert.
(이히 하베 안 데어 트 본 우니베르시테 슈투디어트)

나는 튀빙겐 대학교를 졸업했어요.
Ich habe an der Tübingen
Universität studiert.
(이히 하베 안 데어 튀빙켄 우니베르시테트 슈투디어트)

아주 쓸만한 문장을 하나 더 알려줄게요. 그건 바로 상대방에게 '어디서 독일어를 배 웠어요?'예요. 어떻게 말하면 좋을까요?

독일어를 어디서 배웠어요?
Wo haben Sie Deutsch gelernt?
(보 하벤 지 도이치 게레른트)

나는 괴테문화원에서 독일어 과정을 다녔어요.
Ich habe einen Deutschkurs am
Goethe-Institut besucht.
(이히 하베 아이넨 도이치쿠르스 암 괴테 인스티투트 베주크트)

나는 『10배속 독일어회화』를 보고 독일어를 배웠어요.
Ich habe mit dem "10mal Geschwindigkeit
Deutsche konversation" Buch selbst gelernt.
(이히 하베 미트 뎀 "첸 말 게슈빈디히카이트 도이체 곤버자치온"
부흐 젤브스트 게레른트)

CHAPTER
30

전치사
Präposition

전치사를 사용할 때 우선 동사는 지정된 자리가 있는지 아니면 이동할 수 있는지, 동사 뒤가 목적격인지 여격(3격)인지 구분할 줄 알아야 합니다. 그리고 관사는 뒤에 오는 게 목적격인지 여격(3격)인지에 따라 변화해요. 이런 조건들을 파악해야 비로소 이번 전치사 단원을 쉽게 이해할 수 있을 거예요.

하지만 걱정할 필요는 없답니다. 보기에는 굉장히 복잡해보이지만 독일어에는 전치사가 많지 않고 외우기 쉽기 때문이에요. 여러분이 전쟁터에 나가서 싸우기도 전에 퇴각하는 일이 없도록 가장 기본적인 것부터 시작할게요!

▶ MP3 30-01

📝 Präposition 전치사

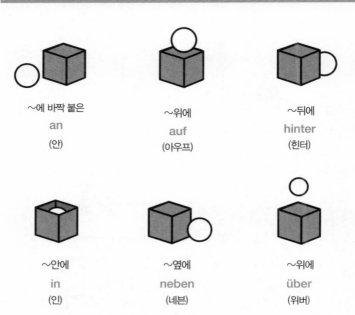

~에 바짝 붙은
an
(안)

~위에
auf
(아우프)

~뒤에
hinter
(힌터)

~안에
in
(인)

~옆에
neben
(네븐)

~위에
über
(위버)

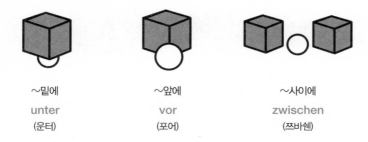

~밑에	~앞에	~사이에
unter	vor	zwischen
(운터)	(포어)	(쯔바쉔)

전치사의 용법

'전치사를 사용할 때 뒤에 오는 명사는 목적격일까요? 아니면 여격일까요?' 정답은 모두 가능하다예요. 구분하는 방법은 아래와 같아요.

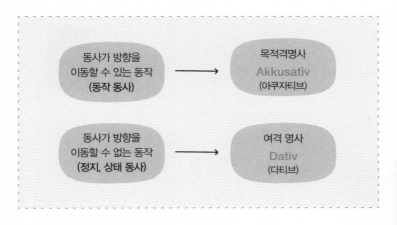

다음에는 문장의 형태와 주의해야 할 점이 무엇인지 알아볼게요.

관사	+	주격 명사	+	동사	+	전치사	+	관사	+	여격 명사
그		강아지는		있다		~ 앞에		그		문
Der		**Hund**		**ist**		**vor**		**der**		**Tür.**
(데어)		(훈트)		(이스트)		(포어)		(데어)		(튀어)

ist = 상태 동사를 지정했기 때문에 여격 Dativ를 연결함

Tür = 여성단수의 여격 명사이기 때문에 관사 der를 사용함

관사	+	주격 명사	+	동사	+	전치사	+	관사	+	목적격 명사
그		강아지는		뛰다		~앞		그		문
Der		**Hund**		**läuft**		**vor**		**die**		**Tür.**
(데어)		(훈트)		(로이프트)		(포어)		(디)		(튀어)

lauft = 동작 동사이기 때문에 목적격 Akkusativ를 사용함

338

고양이가 책상 위로 뛰어올라갔어요.

(동작 동사 → 목적격)

Die Katze läuft auf <u>den</u> Tisch.

(디 카쩨 로이프트 아우프 덴 티쉬)

고양이가 책상 위에 있어요.

(상태 동사를 지정 → 여격)

Die Katze sitzt auf <u>dem</u> Tisch.

(디 카쩨 지쯔트 아우프 뎀 티쉬)

그는 책상 위를 넘어갔어요.

(동작 동사 → 목적격)

Er springt über <u>den</u> Tisch.

(에어 슈프링트 위버 덴 티쉬)

시계가 책상 위에 걸려있어요.

(상태 동사를 지정 → 여격)

Die Uhr hängt über <u>dem</u> Tisch.

(디 우어 헹트 위버 뎀 티쉬)

아이가 나무 아래로 뛰어왔어요.
(동작 동사 → 목적격)
Das Kind läuft unter den Baum.
(킨트 로이프트 운터 텐 바움)

이 아이는 나무 아래에 누워있어요.
(상태 동사를 지정 → 여격)
Das Kind liegt unter dem Baum.
(다스 킨트 리그트 운터 뎀 바움)

차를 문 앞까지 몰고 왔어요.
(동작 동사 → 목적격)
Das Auto fährt vor das Tor.
(다스 아우토 페르트 포어 다스 토어)

차가 문 앞에 서 있어요.
(상태 동사를 지정 → 여격)
Das Auto steht vor dem Tor.
(다스 아우토 슈테트 포어 뎀 토어)

전치사와 관사를 더한 것의 축약형

조금 더 편하게 읽기 위해 일부 전치사는 정관사와 만났을 때 형태가 축약되는 경우가 있어요. 아래에 예로 들어볼게요.

in(인)	+	das(다스)	=	ins(인스)
in(인)	+	dem(뎀)	=	im(임)
an(안)	+	das(다스)	=	ans(안스)
an(안)	+	dem(뎀)	=	am(암)
auf(아우프)	+	das(다스)	=	aufs(아우프스)
von(폰)	+	dem(뎀)	=	vom(폼)

그녀는 방으로 들어가고 있어요.

(동작 동사 → 목적격)

Sie geht <u>ins</u> Zimmer.

(지 게트 인스 찜머)

ins는 in + das에서 옴

그녀는 방 안에 있어요.

(상태 동사를 지정 → 여격)

Sie ist <u>im</u> Zimmer.

(지 이스트 임 찜머)

im은 in + dem에서 옴

📝 ~에서 오다를 말하기

'~에서 오다'를 말할 때 사용할 수 있는 전치사는 aus(아우스)와 von(폰)이 있는데
이 두 가지는 사용법이 서로 달라요. aus(아우스)는 출생지, 시작점, 한동안 살았던
곳을 말할 때 써요.

나는 독일에서 왔어요.
Ich komme aus Deutschland.
(이히 콤머 아우스 도이칠란트)

뮐러 씨는 미국에서 왔어요.
Herr Müller kommt aus den USA.
(헤어 뮐러 콤트 아우스 덴 우에스아)

우리는 일본에서 돌아왔어요.
Wir sind erst aus Japan
zurückgekehrt.
(비어 진트 에르스트 아우스 야판 쭈뤼크게케르트)

von(폰)은 인물이나 짧은 기간 동안 살았던 곳을 말할 때 써요.

나는 은행에서 왔어요.
(조금 전까지 은행 근처에 있었음)
Ich komme von der Bank.
(이히 콤머 폰 데어 방크)

우리는 부모님 집에서 왔어요.
(조금 전까지 부모님 집에 방문했었음)
Wir kommen von unseren Eltern.
(비어 콤믄 폰 운저렌 엘터른)

회사에서 왔어요?
Kommst du vom Büro?
(von + dem = vom)
(콤스트 두 폰 뷔호)

전치사 aus(아우스)와 von(폰) 뒤에는 반드시 여격 형식의 명사가 와요.

가짜 친구의 함정
Falsche Freunde

드디어 Part 1의 마지막 단원까지 오게 됐어요. 여기까지 오면서 독일어의 여러 단어가 영어와 매우 비슷하게 생겼다는 것을 알게 된 독자들이 분명 많을 거예요! 맞아요, 이 점은 바로 독일어의 장점 중 하나예요. 영어와 같은 계통의 언어이기 때문에 많은 단어들의 형태가 매우 비슷한 것을 알 수 있어요.

하지만 절대로 간단하게 생각하고 그냥 넘어가서는 안 돼요. 독일어의 여러 단어들은 '가짜 친구'에 속하기 때문이에요. 영어 단어와 같은 모습을 하고 있지만(친구처럼 공부하고 외우는데 도움을 주지만), 사실 뜻은 결코 같지 않아서 모르는 사람들은 큰 오해를 할 수도 있을 거예요. 그래서 이번 단원에서는 가짜 친구들엔 어떤 것들이 있는지 알아볼 거예요. 다음에 또 보게 됐을 때는 속지 않도록 반드시 조심해야 해요!

▶ MP3 31-01

영어	독일어
actual(액추얼) 진실의	aktuell(아크투엘) 현재의, 최신의, 유행하는
also(얼쏘) 역시	also(알조) 그러므로, 그래서
arm(암) 팔	arm(암) 가난한
brave(브레이브) 용감한	brav(브라브) 말을 잘 듣는, 착한 아이
bank(뱅크) 은행	Bank(방크) 벤치, 은행
build(빌드) 건축하다	Bild(빌트) 그림
chef(셰프) 주방장	Chef(쉐프) 우두머리
gift(기프트) 선물	Gift(기프트) 독약
gymnasium(김나지움) 체육관	Gymnasium(김나지움) 문과중학교
hut(훗) 오두막	Hut(후트) 모자
kind(카인드) 친절한	Kind(킨트) 아이
recipe(레시피) 레시피	Rezept(레쩹트) 약제처방전, 레시피
sympathy(쌤페디) 동정의	sympathisch(짐파티쉬) 친절한

PART 02

실용도가 가장 높은
일상 회화

인사하기
Die Begrüßung

어느 사람이 독일의 유명 여성 잡지 Brigitte(브리기테)에 '독일 사람들은 어째서 누군가를 만날 때 양 볼에 키스 하는 방식으로 인사하지 않나요? 너무 쌀쌀맞잖아요, 그럼 보통 인사할 때는 어떻게 하나요?'라는 질문을 한 적이 있어요. 그에 대한 해답은 만약 이제 막 알게 된 사람이라면 보통 대화로 인사를 하거나 악수를 한다는 거예요. 모두들 독일 사람들이 정말 쌀쌀맞다고 오해하면 안 돼요! 단지 독일 사람들은 대체로 부끄러움이 많고 생각이 많을 뿐이에요. 우리 한국 사람들하고 별 다르지 않게 잘 모르는 사람과 둘이 있는 것을 좋아하지 않을 뿐이죠. 하지만 매우 가까운 사람이라면 독일 사람들도 양 볼에 키스를 하며 인사를 합니다.

▶ MP3 32-01

🖐 일반적인 인사

1. 정식적인 인사 방법 : 사장님, 손님, 선생님, 선배나 이제 막 알게 된 사람들에게

11시	11시~18시	18시	저녁 인사
Guten Morgen	Guten Tag	Guten Abend	Grüße Sie
(구텐 모흐겐)	(구텐 탁)	(구텐 아벤트)	(그뤼쎄 지)
좋은 아침입니다!	안녕하세요!	안녕하세요!	안녕하십니까!

만약 누구에게 인사를 하는지 말하고 싶다면 상대방의 이름을 바로 이어서 말하면 돼요.

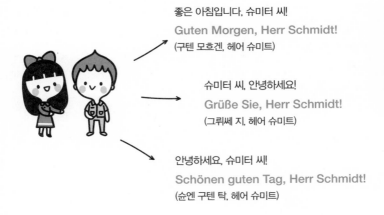

좋은 아침입니다, 슈미터 씨!
Guten Morgen, Herr Schmidt!
(구텐 모흐겐, 헤어 슈미트)

슈미터 씨, 안녕하세요!
Grüße Sie, Herr Schmidt!
(그뤼쎄 지, 헤어 슈미트)

안녕하세요, 슈미터 씨!
Schönen guten Tag, Herr Schmidt!
(쉰엔 구텐 탁, 헤어 슈미트)

Memo

서로 다른 지방에서의 인사 습관

11:00~18:00 사이에 인사는 보통 Guten Tag(구텐 탁)을 사용해요. 하지만 독일 남부나 오스트리아에서는 Grüß Gott(그뤼쓰 고트)!나 Servus(제르부스)!를 사용하고 스위스에서는 Gruezi(그루에찌)!를 사용해요.

2. 익숙한 사람에게 하는 인사 : 친구나 후배 혹은 비교적 친숙한 가족이나 사람들에게

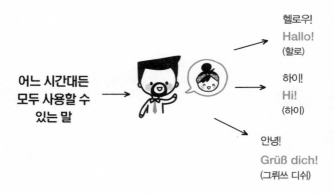

어느 시간대든
모두 사용할 수
있는 말

헬로우!
Hallo!
(할로)

하이!
Hi!
(하이)

안녕!
Grüß dich!
(그뤼쓰 디쉬)

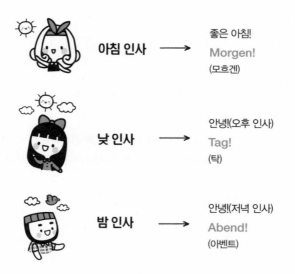

아침 인사

좋은 아침!
Morgen!
(모흐겐)

낮 인사

안녕(오후 인사)
Tag!
(탁)

밤 인사

안녕(저녁 인사)
Abend!
(아벤트)

3. 모두에게 하는 인사

(모두들) 좋은 아침입니다!

Guten Tag zusammen!
(구텐 탁 쭈잠멘)

모두들 안녕하세요!

Abend allerseits!
(아벤트 알러자이츠)

안녕! 모두들!

Hallo, Leute!
(할로 로이터)

처음 만났을 때 하는 인사

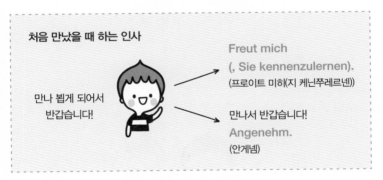

만나 뵙게 되어서
반갑습니다!

Freut mich
(, Sie kennenzulernen).
(프로이트 미히(지 케닌쭈레르넨))

만나서 반갑습니다!

Angenehm.
(안게넴)

4. 옛 친구를 오랜만에 만났을 때

오랜만이야!

Lange nicht gesehen!
(랑어 니히트 게제헨)

📋 일상에 대해 말하기

요즘 어떻게 지냈어요?
Wie geht es
Ihnen/dir?
(비 게트 에스 이넨/디어)

어떻게 지내요?
Wie geht's?
(비 게츠)

어떻게 지냈어요?
Wie läuft es bei dir?
(비 로이프트 에스 바이 디어)

요즘 어때요?
Was macht das Leben?
(바스 마크트 다스 레븐)

352

오늘 하루는 어땠어요?
Wie ist Ihr/dein Tag?
(비 이스트 이어/다인 탁)

학교는 어땠어요?
Wie ist die Schule?
(비 이스트 디 슐러)

일은 어때요?
Wie ist die Arbeit?
(비 이스트 디 아바이트)

가족들은 모두 잘 있어요?
Wie geht es der Familie?
(비 게트 에스 데어 파밀리어)

📝 일상에 대해 대답하기

매우 좋아요

매우 좋아요, 고맙습니다.
Es geht mir gut. Danke.
(에스 게트 미어 구트 당크)

매우 좋아요.
Es geht mir wunderbar.
(에스 게트 미어 분더바)

특별한 것 없어요.
Nichts Besonderes.
(니히츠 베존더허스)

그저 그래요.
So so.
(조 조)

만족해요.
Man muss zufrieden sein.
(만 무스 쭈프리덴 자인)

괜찮아요

특별한 게 없어요.
Wie sonst.
(비 존스트)

그럭저럭 만족해요(괜찮음).
Nicht schlecht.
(니히트 슐레히트)

354

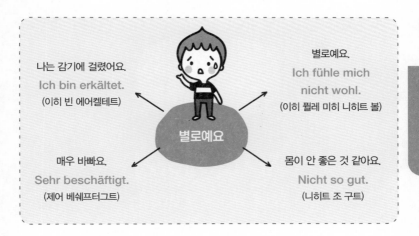

나는 감기에 걸렸어요.
Ich bin erkältet.
(이히 빈 에어켈테트)

별로예요.
Ich fühle mich
nicht wohl.
(이히 퓔레 미히 니히트 볼)

별로예요

매우 바빠요.
Sehr beschäftigt.
(제어 베쉐프터그트)

몸이 안 좋은 것 같아요.
Nicht so gut.
(니히트 조 구트)

상대방에게 관심을 갖는 걸 잊지 말아요

서양 사람들은 어떤 사람이 당신에게 어떤지 물어볼 때 상대방에게 반문을 하는 것이 관심을 나타내는 표현입니다. 간단한 독일어로는 이렇게 표현하면 돼요.

격식 표현
당신은요?
Und Ihnen?
(운트 이넌)

일반 표현
너는?
Und dir?
(운트 디어)

CHAPTER
33

자기소개하기
Die Vorstellung

새로운 친구를 알게 됐을 때 가장 먼저 알아야 하는 것은 자기를 소개하는 방법입니다. 그리고 자신이 알고 싶은 사람의 기본적인 정보를 어떻게 물어봐야 할지도 알아야겠죠? 걱정할 필요가 전혀 없어요! 왜냐하면 이번에 배우게 될 말들의 문장 구조는 영어와 매우 비슷하기 때문에 쉽게 배울 수 있을 거예요.

MP3 33-01

📝 저에 대해 소개할게요

공공장소나 미팅을 할 때 자신의 기본 정보를 말하기 전에 먼저 '저에 대해 소개할게요.'라고 말하는 게 좋겠죠? 바로 이렇게 말하면 됩니다.

저에 대해 소개해도 될까요?
Darf ich mich vorstellen?
(다르프 이히 미히 포흐슈텔렌)

📝 자신의 이름과 기본 정보 소개하기

이번에 알아볼 내용은 자신의 이름과 나이, 직업, 국적 혹은 취미생활 같은 기본적인
정보를 소개하는 것이에요. 아래의 문장처럼 말해보세요.

내 이름은 ~

Mein Name ist ...
(마인 나메 이스트)

Ich bin ...
(이히 빈)

내 이름은 김수영이예요.

Mein Name ist **Sooyoung Kim.**
(마인 나메 이스트 수영 킴)

Ich bin **Sooyoung Kim.**
(이히 빈 수영 킴)

나는 ~나라에서 왔어요

Ich komme aus ...
(이히 콤메 아우스)

나는 한국에서 왔어요.

Ich komme aus Korea.
(이히 콤메 아우스 코레아)

나는 ~살이에요

Ich bin ... Jahre alt.
(이히 빈 야허 알트)

나는 20살이에요.

Ich bin zwanzig Jahre alt.
(이히 빈 쯔반찌히 야허 알트)

상대방이 한 자기소개에 답하기

만나게 되어서 정말 반가워요.
Freut mich, Sie kennenzulernen, sehr angenehm.
(프로이트 미히 지 케넨쭈레르넨 제어 안게넴)

나도요.
Ganz meinerseits.
(간쯔 마이너자이츠)

당신 얘기를 자주 들었어요.
Ich habe schon viel von Ihnen gehört.
(이히 하베 숀 필 폰 이넨 게회르트)

우리 예전에 만난 적이 있나요?
Haben wir uns schon getroffen?
(하벤 비어 운스 숀 게트호픈)

📝 상대방의 정보를 먼저 물어보기

이번에는 상대방에 대해 먼저 물어보는 것에 대해 알아보겠습니다. 주로 어떤 문법들이 쓰일까요? 우리 함께 아래에 있는 자주 쓰이는 문장들을 보도록 해요!

성함이 어떻게 되세요?
Wie heißen Sie, bitte?
(비 하이쎈 지 비터)

어디서 오셨어요?
Woher kommen Sie?
(보헤어 콤믄 지)

무슨 일 하세요?
Was arbeiten Sie?
(바스 아바이텐 지)

이곳에는 무슨 일로 오셨어요?
Was machen Sie denn hier?
(바스 막흔 지 덴 히어)

명함 교환하기

실례지만 명함 있으신가요?
Hätten Sie vielleicht eine Visitenkarte?
(헤텐 지 필라이히트 아이네 비지텐카르테)

이건 제 명함입니다.
Hier ist meine Karte.
(히어 이스트 마이네 카르테)

📝 이렇게 부를 수 있게 해줘요

독일어에서 상대방을 부르는 대명사는 두 가지가 있습니다. 경어로는 Sie(지) '당신' 그리고 일반적인 말로는 du(두) '너'가 있지요. 상대방과 대화할 때 조금 더 친근한 방식으로 불러도 되는지 한 번 물어보는 것도 나쁘지 않아요!

날 그냥 한스라고 불러요.
Sag doch einfach
Hans zu mir.
(작 도크 아인파트
한스 쭈 미어)

너라고 불러도 돼요?
Wollen wir uns duzen?
(볼렌 비어 운스 두쩬)

**조금 더 친근한
방식으로 부르기**

그래도 윗사람이 이름을 부르라고 해도 조금 어려울 수 있어요. 그렇다면 조금 완곡한 표현을 사용해보는 건 어떨까요?

영광이에요! 그런데 '당신'이라고 부르는 건 어때요?
Ihr Angebot ehrt mich, aber ich würde
doch lieber beim "Sie" bleiben.
(이어 안게보트 에르트 미히, 아버 이히 뷔르데
도크 리버 바임 지 블라이븐)

📝 제3자 소개하기

1. 정식으로 제3자 소개하기

다른 사람을 서로 소개할 때 예의상 윗사람에게 아랫사람을 먼저 소개해야 해요. 뿐만 아니라 그 사람의 직급을 함께 얘기해야 하는 것을 잊지 말아요. 상황을 한번 가정해볼게요. 뮐러 씨에게 루츠 씨를 서로 소개해주는 상황이고, Lutz(루츠) 씨의 직급이 조금 높다고 가정해볼게요. 따라서 서로를 소개할 때 뮐러 씨를 먼저 소개하고 루츠 씨를 나중에 소개해야 해요.

뮐러 씨를 소개할게요. 우리 고문을 맡고 있어요.
**Darf ich Ihnen Herrn Müller,
unseren Berater, vorstellen?**
(다르프 이히 이넨 헤른 뮐러 운저렌 베라터, 포슈텔렌)

제 생각에 두 분은 아직 서로를 모르실 거예요.
**Ich glaube, Sie kennen sich
noch nicht.**
(이히 글라우베, 지 케넨 지히 녹흐 니히트)

뮐러 씨 이분은 루츠 씨에요. 우리 매니저분이세요.
**Herr Müller, hier ist Frau Lutz,
unsere Leiterin.**
(헤어 뮐러, 히어 이스트 프라우 루츠 운저레 라이터힌)

2. 친근하게 제3자 소개하기

만약 동기에게 친구를 소개해주거나, 친구 혹은 친척들에게 누군가를 소개해주는 경우
처럼 두 사람의 직급이 비슷할 경우에는 그냥 이렇게 간단하게 말하면 돼요.

너 내 동기 안나를 본 적이 있어?
Haben Sie meine Kollegin Anna getroffen?
(하벤 지 마이네 콜리긴 안나 게트로펜)

이쪽은 내 동기 안나라고 해.
Hier ist meine Kollegin, Anna.
(히어 이스트 마이네 콜리긴, 안나)

내 동기 안나를 소개해도 될까?
Darf ich meine Kollegin Anna vorstellen?
(다르프 이히 마이네 콜리긴 안나 포슈텔렌)

엄마, 이쪽은 내 친구 안나예요.
Mama, hier ist Anna, meine beste Freundin.
(마마, 히어 이스트 안나, 마이네 베스터 프로인딘)

📝 제3자에게 질문하기

알고 싶은 사람이 있는데, 나에게 그 사람을 소개해줄 사람이 없다면 아무래도 먼저
말을 걸어보는 방법밖에는 없겠죠?

실례지만 이 남성분은 누구신가요?

Wer ist dieser Herr, bitte?

(베어 이스트 디저 헤어, 비터)

실례지만 이 여성분은 누구신가요?

Wer ist diese Dame, bitte?

(베어 이스트 디저 다머, 비터)

만약 그 사람이 편하게 말할 수 있는 사람이라면 옆의 친구에게 조심스럽게 말해
보는 건 어때요?

그 남자는 누구야?

Wer ist der Junge da?

(베어 이스트 데어 융어 다)

아! 그 사람은 안나의 동생 한스야.

**Ach so. Das ist Hans,
Annas Bruder.**

(악 소. 다스 이스트 한스, 안나스 부후더)

저기에 있는 소녀는 누구야?

Wer ist das Mädchen dort?

(베어 이스트 다스 멧헨 도르트)

안나야. 한스의 여동생이야.

Anna. Hans' Schwester.

(안나. 한스 슈베스터)

만약 모르는 사람이라면 바로 '모르는 사람이야'라고 말하면 되겠죠?

미안, 내가 모르는 남자야.

Tut mir Leid. Ich kenne ihn nicht.

(투트 미어 라이트. 이히 케네 인 니히트)

미안, 내가 모르는 여자야.

Tut mir Leid. Ich kenne sie nicht.

(투트 미어 라이트. 이히 케네 지 니히트)

CHAPTER
34

작별 인사
Der Abschied

독일 사람들은 인사를 할 때 다른 서양 국가들의 사람들처럼 피부를 맞대지는 않지만 작별 인사를 할 때는 특별한 정을 드러내는 경우가 많아요. 독일 사람들의 작별 인사에는 여러 가지 방식이 있는데 그중 아주 귀여운 점은 매우 많은 뜻을 담은 단어를 사용해서 다음에 다시 만나는 날을 기대하게 만든다는 특징이 있어요.

(▶) MP3 34-01

📝 작별 인사

1. 정식적인 작별 인사
알게 된지 얼마 되지 않은 사람, 이제 막 함께 일하게 된 사람, 여러 장소의 종업원이나 직원들에게 사용하는 말이에요.

다음에 또 뵙겠습니다!
Auf Wiedersehen!
(아우프 비더제헨)

(독일 남부 지방이나
오스트리아에서 주로 사용)
Auf Wiederschauen!
(아우프 비더샤우엔)

알게 돼서 반갑습니다!
Es war nett, Sie zu treffen!
(에스 바 네트, 지 쭈 트레픈)

연락해요!
Wir hören dann voneinander!
(비어 회렌 단 폰아인안더)

정식적인 작별 인사

2. 친근한 작별 인사

친구나 친숙한 사람에게 사용하며 일반적으로 말이 간단하고 활기찬 말투를 써요.

Tschüs!(취스)　바이 바이

Tschö!(취외)　(라인강 일대 방언)

Tschüssi!(취씨)

안녕!
(오스트리아에서 주로 사용)
Adieu!
(아듀)

안녕!
(스위스에서 주로 사용)
Servus!
(제흐부스)

친근한 작별 인사

안녕!
(독일 남부 지방에서 주로 사용)
Ade!
(아데)

다음에 봐!
Mach's gut!
(마크스 구트)

다시 만나요!
Treffen wir uns wieder!
(트레픈 비어 운스 비더)

다음에 봐

다음에 봐!	Bis bald!	(비스 발트)
	Bis dann!	(비스 단)
	Bis später!	(비스 슈페터)
내일 봐!	Bis morgen!	(비스 모흐겐)
화요일에 봐!	Bis Dienstag!	(비스 딘스탁)

📖 먼저 가볼게요

일이 있어 먼저 가야 하는 상황이라면 이렇게 말하면 돼요.

아쉽지만 먼저 가봐야 할 것 같아.

Leider muss ich jetzt gehen.

(라이더 무스 이히 예츠트 게헨)

나 가야 해.

Jetzt muss ich schon los.

(예츠트 무스 이히 숀 로스)

집에 가야 돼.

Ich muss nach Hause.

(이히 무스 낙흐 하우저)

✍️ 여행자에게 인사하기

우리는 주로 상대방이 다른 지역으로 여행을 간다면 작별 인사를 할 때 즐거운 시간이
되길 빌어주는 식으로 인사를 해요.

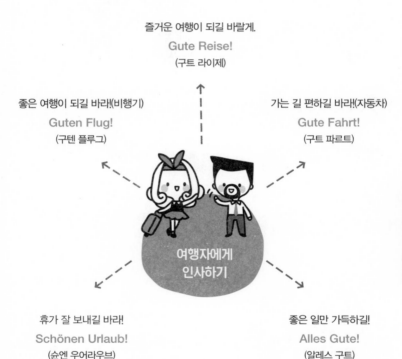

즐거운 여행이 되길 바랄게.
Gute Reise!
(구트 라이제)

좋은 여행이 되길 바래!(비행기)
Guten Flug!
(구텐 플루그)

가는 길 편하길 바래!(자동차)
Gute Fahrt!
(구트 파르트)

여행자에게
인사하기

휴가 잘 보내길 바래!
Schönen Urlaub!
(슌엔 우어라우브)

좋은 일만 가득하길!
Alles Gute!
(알레스 구트)

CHAPTER 34

🖎 시간나면 연락해!

 연락해! - - - - - Bleiben wir in Kontakt!
(블라이벤 비어 인 콘타크트)

 전화해! - - - - - Rufen Sie mal an!
(후픈 지 말 안)

 시간나면 편지해! - - - - - Schicken Sie mir ein paar Zeilen!
(쉬켄 지 미어 아인 파 짜일렌)

 시간나면 글 올려줘! - - - - - Lassen Sie mal von sich hören!
(라쎈 지 말 폰 지히 회렌)

 시간나면 Email 보내! - - - - - Schreiben Sie mir eine Email!
(슈라이벤 지 미어 아이너 이메일)

📧 나 대신 안부 전해줘!

다른 사람을 통해 내 마음을 전하고 싶을 때는 이런 형태의 문장으로 말해봐요.

나 대신 ~에게 안부 전해줘

| 나 대신 안부 전하다
Grüße
(그뤼쎄) | + | 인사하고
싶은 사람 | + | ~에서
von
(폰) | + | 나
mir!
(미어) | |

나 대신 피터에게 안부 전해줘!
Grüße Peter von mir!
(그뤼쎄 페터 폰 미어)

나 대신 뮐러씨에게 안부 좀 전해주세요!
Grüße Herr Müller von mir!
(그뤼쎄 헤어 뮐러 폰 미어)

당신 부인께 안부 전해주세요!
Grüße deine Frau von mir!
(그뤼쎄 다이네 프라우 폰 미어)

네 여동생에게 안부 전해줘!
Grüße deine Schwester von mir!
(그뤼쎄 다이네 슈베스터 폰 미어)

전해줄게

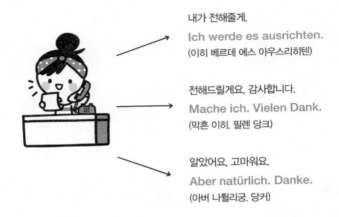

내가 전해줄게.
Ich werde es ausrichten.
(이히 베르데 에스 아우스리히텐)

전해드릴게요, 감사합니다.
Mache ich. Vielen Dank.
(막흔 이히. 필렌 당크)

알았어요, 고마워요.
Aber natürlich. Danke.
(아버 나튈리숭. 당커)

누군가가 안부를 전해달라고 했어

이번에는 직접 A의 부탁을 받아 B에게 안부를 전한다고 가정해볼게요. 이럴 경우에는 동사 ausrichten(아우스리히텐) '알리다' 하나만 더해주면 돼요.

~가 나에게 안부를 전해달라고 했어

Ich soll Ihnen Grüße von + 안부를 + ausrichten.
(이히 졸 이넨 그뤼쎄 폰)   전해달라고 한 사람   (아우스리히텐)

푸르이드 씨가 나에게 안부를 전해달라고 했어.
Ich soll Ihnen Grüße von Herrn
Freud ausrichten.
(이히 졸 이넨 그뤼쎄 폰 헤른 프로이트 아우스리히텐)

아! 페트라가 안부 전해달래.
Übrigens, Ich soll Ihnen Grüße von
Petra ausrichten.
(위브리겐스, 이히 졸 이넨 그뤼쎄 폰 페트라 아우스리히텐)

Memo

Übrigens

Übrigens는 감탄사의 일종으로 일반적으로 우리가 누군가와 대화 도중에 갑자기 생각난 일이 있을 때 '아! 갑자기 ~가 생각났어'라고 말하는 것처럼, 다시 말해 영어의 by the way와 매우 비슷한 말이라고 할 수 있어요. 우리가 대화를 하다가 갑자기 생각나는 일이 있거나 화제를 전환할 때 사용하는 말이에요.

CHAPTER
35

감사의 말
Danke

📋 Danke 감사합니다

감사의 말은 일종의 예의를 표현하는 한 가지 방법이라고 할 수 있습니다. 혹은 다른 사람의 도움을 받았을 때 고마움을 나타내는 말이라고도 할 수 있겠죠? 바로 여기에서 가장 중요한 단어는 바로 Danke입니다. 간단하게 말하면 영어의 Thanks와 비슷하다고 할 수 있어요. 한 단어에 불과하지만 만들 수 있는 문장은 굉장히 많아요. 여러 가지 상황에 적용할 수 있으며, 감사의 정도 역시 조절할 수 있어요.

고마워요!
Danke!
(당커)

대단히 감사합니다!
Vielen Dank!
(필렌 당크)

Danke schön!
(당커 쇤)

Danke sehr!
(당커 제어)

우선 고마워요!
Vielen Dank im Voraus!
(필렌 당크 임 포라우스)

정말 너무 감사합니다!
Herzlichen Dank!
(헤르쯔리헨 당크)

나는 당신을 정말 고맙게 생각하고 있어요!
Ich bin Ihnen sehr dankbar.
(이히 빈 이넨 제어 당크바)

~해줘서 고마워요

만약 특별히 고마워하는 일이 있다면, 여기에 전치사 für(퓌어)를 사용해서 ~해줘서 고마운지 나타낼 수 있어요.

~해줘서 고마워요

Danke für ✚ 명사
(당커 퓌어) (상대방이 도움을 준 일)

데리러 와줘서 고마워!
Danke für die Abholung!
(당커 퓌어 디 압홀룽)

도와줘서 정말 너무 고마워!
Besten Dank für Ihre Hilfe!
(베스텐 당크 퓌어 이어레 힐페)

378

자료를 주셔서 대단히 감사합니다!

Danke für Ihre Auskunft!

(당커 퓌어 이어레 아우스쿤프트)

만약에 매우매우 고맙다고 강조를 하고 싶다면 Vielen Dank für(필렌 당크 퓌어)를 대신해서 사용해보세요.

시간 내줘서 정말 너무 고마워!

Vielen Dank für Ihre Zeit!

(필렌 당크 퓌어 이어레 짜이트)

전에 나를 보러 와줘서 정말 너무 고마워!

Vielen Dank für Ihren Besuch!

(필렌 당크 퓌어 이넨 베주크)

감사의 말에 답하기

만약 상대방이 고마움을 표현했다면 당연히 그 말을 받아줘야겠죠! 사용할 수 있는
말이 여러 가지가 있으니 골라서 사용해보세요.

매우 영광이에요.
Bitte schön.
(비터 쇤)

Bitte sehr.
(비터 제어)

Bitte, bitte.
(비터, 비터)

별일 아니에요.
Nichts zu danken.
(니히츠 쭈 당켄)

Keine Ursache.
(카이네 우어자허)

Gern geschehen.
(게흔 게쉐헨)

신경 쓰지 마세요.
Ach, so eine Kleinigkeit.
(아크, 조 아이네 클라이니히카이트)

아무것도 아니에요.
Das ist doch nicht der Rede wert.
(다스 이스트 도크 니히트 데어 레데 베르트)

도움을 줄 수 있어 기뻐요.
Ich stehe Ihnen jederzeit zur Verfügung.
(이히 슈테헤 이넨 예더짜이트 쭈어 페어퓌궁)

사과의 말
Entschuldigung

우리는 평소에 '미안해' 혹은 '잘못했어'와 같은 말로 미안함을 나타내는 경우가 많습니다. 독일어에도 여러 상황에서 미안함을 나타낼 수 있는 단어가 매우 많아요.

사과는 진심을 다해서 해야 하는 일이에요. 사실 사과의 목적은 여러 가지입니다. 스스로 무엇을 잘못했는지 알고 그것을 바로잡기 위해 사과를 하는 경우도 있고, 그것을 스스로 바로잡기 힘들 때 사과를 하는 경우도 있어요. 독일어도 여러 가지 상황에 따라 사과할 때 사용하는 단어가 다릅니다. 그리고 상대방이 사과를 한다면 알맞은 문장을 사용해서 상대방의 사과를 받아주는 법도 알아봅시다!

▶ MP3 36-01

📝 일반적인 사과

독일어로 사과하는 방법에는 크게 3가지로 나눌 수 있어요. 첫 번째 사과의 말은 잘못을 저질렀거나 상대방을 곤란하게 했을 때 사용하는 말이에요.

미안해,
내가 잘못했어

Es tut mir (sehr) Leid.
(에스 투트 미어 제어 라이트)

Das tut mir (aber) Leid.
(다스 투트 미어 아버 라이트)

두 번째는 간단한 사과의 말이나 잘못을 저지르지는 않았지만 상대방에게 실례를 하거나 도움을 요청할 때 하는 말이에요. 이 경우에는 '실례합니다' 혹은 '미안합니다'와 같은 말을 사용합니다. 영어의 Excuse me나 Pardon me같은 말이라고 할 수 있지요. 이럴 때는 보통 이런 말을 사용해요.

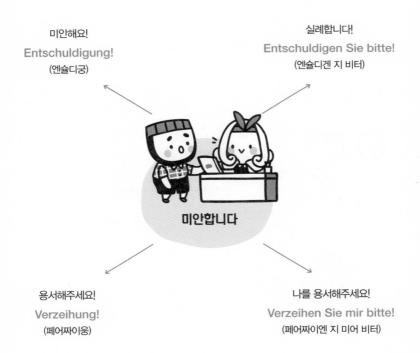

미안해요!
Entschuldigung!
(엔슐디궁)

실례합니다!
Entschuldigen Sie bitte!
(엔슐디겐 지 비터)

미안합니다

용서해주세요!
Verzeihung!
(페어짜이웅)

나를 용서해주세요!
Verzeihen Sie mir bitte!
(페어짜이엔 지 미어 비터)

무슨 일로 인해 미안해요

무슨 일 때문에 사과를 하는지 명확하게 표현하고 싶다면 아래 형태의 문장을
사용해요.

> ### ~해서 미안해
>
> Entschuldigung für + 명사(잘못한 일)
> (엔슐디궁 퓌어)

늦어서 죄송합니다.
Entschuldigung für die Verspätung.
(엔슐디궁 퓌어 디 페어슈페퉁)

폐를 끼쳐서 미안해.
Entschuldigung für die Störung.
(엔슐디궁 퓌어 디 슈퇴훙)

완곡한 사과의 말

직접적으로 사과를 하지 않고 완곡한 말로 자신이 잘못한 일을 표현하는 경우도 있어요.
이것 역시 완곡한 사과의 방법이라고 할 수 있지요.

무언가 오해가 있는 것 같아.
Das muss ein Missverständnis sein
(다스 무스 아인 미스페어슈텐트니스 자인)

내가 어떻게 해야 할까?
Wie kann ich das wiedergutmachen?
(비 칸 이히 다스 비더쿠트막흔)

이건 내 잘못이야.
Das ist mein Fehler.
(다스 이스트 마인 펠러)

미안해. 나도 어쩔 수가 없었어.
Ich habe gar keine Ahnung.
(이히 하베 가 카이네 아눙)

완곡한 사과의 말

난 정말 몰랐어.
Es tut mir Leid, aber ich kann nichts dafür.
(에스 투트 미어 라이트, 아버 이히 칸 니히트 다퓌어)

사과 받아주기

누군가가 사과를 했을 때 아무 말도 하지 않을 수는 없겠죠! 용서해줄 수 있는 일이
라면 용서해주세요!

괜찮아.
Macht nichts.
(마크트 니히츠)

Bitte, bitte.
(비터, 비터)

별 일 아니야.
Nicht so schlimm.
(니히트 조 슐림)

어쩔 수 없는 일이었어.
So was kann ja mal passieren.
(조 바스 칸 야 말 파지어헨)

이런 일은 누구에게나 있을 수 있는 일이야.
**Das kann doch jedem mal
passieren.**
(다스 칸 도크 예뎀 말 파지어헨)

너무 깊게 생각하지 마.
Machen Sie sich nichts daraus.
(막흔 지 지히 니히트 다라우스)

이해해 / 난 이해할 수 있어.
Dafür habe ich Verständnis.
(다퓌어 하베 이히 페어슈텐트니스)

CHAPTER
37

도움 요청하기
Bitte

우리는 다른 사람의 도움을 전혀 받지 않고 모든 일을 혼자서 해결할 수는 없기 때문에 때때로 다른 사람에게 도움을 요청해야 하는 경우가 있습니다. 그 일이 크든 작든 예의를 갖추고 요청하고 감사의 말을 전해야 두 사람의 관계가 유지되고 개선될 수 있다는 점 절대 잊으면 안 돼요.

▶ MP3 37-01

✎ 도움을 요청하는 상황

도움을 요청하기 전에 우선 먼저 어떤 말로 시작해야 할지 정해야겠죠? 우선 상대방이 도와줄 수 있는지부터 물어보는 게 좋을 거예요.

지금 나 좀 도와줄 수 있어요?
Können Sie mir einen Gefallen tun?
(쾨넨 지 미어 아이넨 게팔렌 툰)

도움을 요청해도 될까요?
Darf ich Sie um einen Gefallen bitten?
(다르프 이히 지 움 아이넨 게팔렌 비텐)

도저히 어떻게 해야 할지 모르겠어.
Ich weiß nicht, was ich machen soll.
(이히 바이쓰 니히트 바스 이히 막흔 졸)

388

대답 : 물론이지

기꺼이.
Gerne.
(게흐네)

물론이지.
Aber natürlich.
(아버 나튈리히)

그래, 무슨 일이야?
Ja, was ist das?
(야, 바스 이스트 다스)

📝 예의를 갖추고 도움을 요청하기

상대방에게 도와줄 수 있는지 물어본 상태라면 다시 한번 정확하게 무엇을 도와달라는 건지 물어봅니다. 이 때는 '~좀 도와줘'나 '~좀 부탁해'의 두 종류의 문장을 사용할 수 있어요.

명령형의 문장으로 부탁하기

독일어의 명령문은 매우 간단해요. 문장의 맨 앞에 동사를 두면 문장이 바로 명령으로 바뀌기 때문이에요. 단 문장의 맨 끝에 bitte(비터)를 넣으면 부탁의 뜻이 생기기 때문에 훨씬 예의 있어 보일 수 있어요!

~좀 부탁할게요

동사원형 **+** Sie **+** 나머지 문장 **+** , bitte?
　　　　　　　(지)　　　　　　　　　　　　　　　　　(비터)

창문 좀 열어주세요 --→ Machen Sie das Fenster auf, bitte?
(막흔 지 다스 펜스터 아우프, 비터)

불 좀 꺼주세요 --→ Machen Sie das Licht an, bitte?
(막흔 지 다스 리히트 안, 비터)

저 책 좀 갖다 주세요 --→ Holen Sie mir das Buch, bitte?
(홀렌 지 미어 다스 부흐, 비터)

물 좀 가져다 주세요 --→ Bringen Sie mir ein Wasser mit, bitte?
(브링엔 지 미어 아인 바써 미트, 비터)

모르는 사람이나 친하지 않은 사람에겐 2인칭 대명사로 Sie(지) 당신을 사용해야 하는 것을 절대 잊지 말아요!

📝 친숙한 사람에게 부탁하기

도움을 요청하는 대상이 친구나, 후배처럼 익숙한 사람이라면 2인칭 대명사로 du를
사용할 수 있어요.

~좀 도와줄 수 있어?

Kannst du (bitte)   **+**   목적어/   **+**   동사원형?
(칸스트 두 비터)   나머지 문장

불 좀 꺼줄 수 있어?
Kannst du bitte das Licht anmachen?
(칸스트 두 비터 다스 리히트 안막흔)

문 좀 열어줄래?
Kannst du mir die Tür öffnen?
(칸스트 두 미어 디 튀어 외프넨)

상대방에게 물건을 빌리는 것처럼 어떤 일을 하기 전에 상대방의 동의를 구해야 하는
경우에는 아래 형태의 문장을 사용해요.

~해도 될까?

Darf ich + 말/나머지 문장 + 동사원형?
(다르프 이히)

여기서 담배 피워도 될까?
Darf ich hier rauchen?
(다르프 이히 히어 하우헨)

지나가도 될까?(비켜줘)
Darf ich mal durch?
(다르프 이히 말 두르히)

들어가도 될까?
Darf ich hinein
kommen?
(다르프 이히 히나인 콤은)

부탁 하나 해도 될까요?
Darf ich Sie um etwas
bitten?
(다르프 이히 지 움 이트바스 비텐)

물어봐도 될까?
Darf ich mal fragen?
(다르프 이히 말 프라근)

전화기 좀 빌릴 수 있을까?
Darf ich Ihr Telefon
benutzen?
(다르프 이히 이어 텔레폰 베누첸)

📝 상대방의 요청에 답하기

상대방이 도움을 요청했다면 그 일을 도와줄 수 있든 없든 대답을 해줘야 해요.

기꺼이 도와줄 수 있어

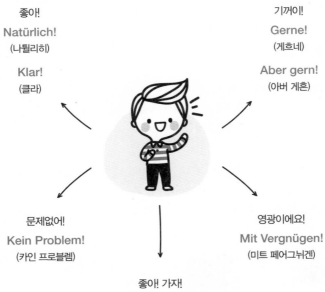

좋아!
Natürlich!
(나튈리히)

Klar!
(클라)

기꺼이!
Gerne!
(게흐네)

Aber gern!
(아버 게흔)

문제없어!
Kein Problem!
(카인 프로블렘)

영광이에요!
Mit Vergnügen!
(미트 페어그뉘겐)

좋아! 가자!
Natürlich, hier bitte!
(니튈리히, 히어 비터)

도와줄 수는 있어

만약 그것이 필요하다면(도와줄 수는 있어)

Wenn es sein muss.

(벤 에스 자인 무스)

도와줄 수 없어

정말 미안. 지금은 도와줄 수가 없어.

Tut mir Leid. Das geht leider gerade nicht.

(투트 미어 라이트 다스 게트 라이더 게하데 니히트)

난 정말 도와줄 시간이 없어.

Ich habe eigentlich gerade keine Zeit.

(이히 하베 아이겐틀리히 게하데 카이네 짜이트)

CHAPTER
38

도움주기
Hilfe anbieten

독일 사람들은 겉으로 봤을 때 굉장히 엄숙해보이고 자신의 감정을 잘 드러내지 않아 보이지만 절대로 이기적이지 않고 매우 정이 많으며 먼저 직접 손을 내밀어 서로에게 도움을 주는 경우를 자주 볼 수 있어요. 예를 들면 예전에 큰 화재가 발생하자 많은 사람들이 직접 도움을 자청하기도 하고, 독일은 유럽 국가 중에서 가장 많은 난민을 수용한 나라예요.

이 밖에도 일상생활 중에서도 서로 돕는 장면을 목격하게 될 거예요. 물질적인 것뿐만 아니라 의식까지 발전한 나라라고 할 수 있어요.

(▶) MP3 38-01

📝 도움주기

만약 독일에 가게 된다면 아래 문장들을 잘 기억해서 다른 사람을 먼저 도와주는 상황을 만들어봐요.

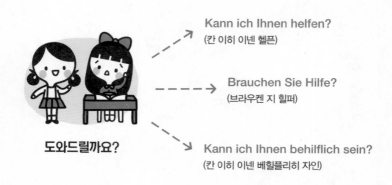

Kann ich Ihnen helfen?
(칸 이히 이넨 헬픈)

Brauchen Sie Hilfe?
(브라우켄 지 힐퍼)

도와드릴까요?

Kann ich Ihnen behilflich sein?
(칸 이히 이넨 베힐플리히 자인)

Hilfe(힐퍼)는 명사에 속하며 도움이라는 뜻을 가지고 있어요. 만약 동사 형태로 사용한다면 helfen(헬펜)으로 형태가 바뀌어요.

📝 여러 가지 일을 먼저 도와주기

짐 들어줄까?
Kann ich Ihnen den Koffer tragen?
(칸 이히 이넨 덴 코퍼 트라근)

문 열어줄까?
Soll ich Ihnen die Tür öffnen?
(졸 이히 이넨 디 튀어 외프넌)

창문 열어줄까요?
Möchten Sie, dass ich das Fenster aufmache?
(뫼히텐 지, 다스 이히 다스 펜스터 아우프막허)

음료수 마실래요?
Möchten Sie, dass ich Ihnen Wasser hole?
(뫼히텐 지, 다스 이히 이넨 바써 홀러)

🖊 음식 권하기

만약 손님에게 어떤 음식이나 음료를 먹고 싶은지 물어보고 싶다면 포괄적인 의미를 나타내는 물건을 예로 들어서 물어보면 됩니다. 아래의 문장처럼 말이죠.

> 필요한 거 있어요?
> **Was kann ich Ihnen anbieten?**
> (바스칸 이히 이넨 안비튼)

만약 특정 물건을 직접 언급하여 '~필요하세요?'라고 물어보고 싶다면 아래의 문장을 사용해요.

> **~필요해요?**
>
> **Möchten Sie** + 명사
> (뫼히텐 지)

밥 더 먹을래요?
**Möchten Sie
mehr Reis?**
(뫼히텐 지 메어 라이스)

우유 마실래요?
**Möchten Sie auch
Milch dazu?**
(뫼히텐 지 아우크 밀히 다쭈)

차와 커피 중
어떤 걸로 드실래요?
**Möchten Sie Tee oder
Kaffee?**
(뫼히텐 지 테 오더 카페)

📝 상대방의 도움에 응하기

상대방이 도움이 필요한지 물어봤다면 좋은지, 괜찮은지, 필요한지, 필요 없는지 말을 해줘야겠죠? '부탁할게, 괜찮아, 걱정하지 마'와 같은 말도 마찬가지예요.

응, 고마워.
Ja, bitte.
(야, 비터)

넌 정말 좋은 사람이야!
Das wäre sehr nett von Ihnen.
(다스 베레 제어 네트 폰 이넨)

괜찮다면 부탁할게.
Wenn es Ihnen keine Umstände macht.
(벤 에스 이넨 카이네 움슈텐데 막흐트)

Wenn es nicht zu viele Umstände macht.
(벤 에스 니히트 쭈 필레 움슈텐데 막흐트)

정말 너무 고마워.
Ich bin sehr dankbar dafür.
(이히 빈 제어 당크바 다퓌어)

도움 거절하기

괜찮아. 고마워.
Nein, danke.
(나인, 당커)

걱정하지 마. 내가 하면 돼.
Keine Sorge. Ich schaffe es.
(카이네 조르거. 이히 샤페 에스)

📖 상대방이 그래도 도움이 필요하다고 생각이 들 때

마지막으로 상대방에게 '만약 정말 필요하면 나한테 말해줘, 기꺼이 도와줄게!'처럼 상대방에게 도움을 주고 싶다고 말하고 싶으면 이렇게 말해보세요.

도움이 필요하다면 나에게 말해줘!
Sagen Sie Bescheid,
wenn Sie Hilfe brauchen.
(자겐 지 베샤이트 벤 지 힐퍼 브하우헌)

도움이 필요하면 나에게 알려줘.
Lassen Sie mich wissen,
wenn Sie Hilfe brauchen.
(라쎈 지 미히 비쎈 벤 지 힐퍼 브하우헌)

도움이 필요하시다면 언제든지 개의치 마시고 연락주세요!

Zögern Sie nicht mich zu kontaktieren, wenn Sie Hilfe brauchen.

(쬐게른 지 니히트 미히 쭈 콘타크티어렌 벤 지 힐퍼 브하우헌)

도와주고 싶어서 그래.

Ich stehe Ihnen zur Verfügung.

(이히 슈테헤 이넨 쭈어 페어퓌궁)

약속 잡기
Termin machen

모두가 알고 있는 한 가지는 바로 독일 사람들이 시간관념을 매우 중요시 여긴다는 것이에요. 세계에서 매우 유명한 시계 브랜드인 Rolex(로렉스)와 Tagheuer(태그 호이어)는 모두 독일어를 쓰는 나라에서 나온 브랜드예요. 바로 스위스와 독일이죠. 독일의 기차, 자동차와 비행기는 대부분 시간을 준수해요. 어느 한 조사 결과에서는 독일 사람들의 85%가 시간관념을 매우 중시한다고 나왔어요. 그러니 혹시 시간관념이 조금 느슨한 편이라면 독일 사람들과 약속을 했을 때는 평소처럼 하지 말고 부디 시간을 준수하길 바라요!

(▶) MP3 39-01

📝 시간 있어?

독일의 여유 시간은 frei(프하이)예요. 누군가와 약속을 잡을 때 가장 먼저 물어봐야 하는 것은 바로 '시간 있어?'입니다. 시간이 있어야 비로소 이야기를 계속 나눌 수 있기 때문이죠!

오늘 출근해?
Hast du heute frei?
(하스트 두 호이터 프하이)

오늘 출근 안 하세요?
Haben Sie frei?
(하벤 지 프하이)

오늘 계획이 있어?
Haben Sie etwas vor?
(하벤 지 에트바스 포어)

📝 ~에 시간 있어?(어느 날인지 물어보기)

독일어 문장에서 날짜를 말할 때 사용하는 전치사는 am(암)이에요. 영어의 on '~ 위에'에 해당되는 말이라고 할 수 있어요. 하지만 날짜와 함께 사용할 때는 '~에' 의 뜻을 가지고 있어요.

~에 시간 있어?

경어형	Haben Sie frei (하벤 지 프하이)	＋	만나고 싶은 날?
일반형	Hast du frei (하스트 두 프하이)	＋	만나고 싶은 날?

월요일에 출근해?

Hast du frei am Montag?
(하스트 두 프하이 암 몬탁)

오늘 출근하세요?

Haben Sie heute frei?
(하벤 지 호이터 프하이)

내일 출근해?

Hast du morgen frei?
(하스트 두 모흐겐 프하이)

5월 1일에 출근하세요?

Haben Sie frei am 1.Mai?
(하벤 지 프하이 암 에르스덴 마이)

언제 시간 돼?

언제 시간 돼?   - - - - - - - →   Wann haben Sie Zeit?
                                       (반 하벤 지 짜이드)

언제 오실 수 있으세요? - - - - - - - →   Wann könnten Sie denn kommen?
                                       (반 쾬텐 지 덴 콤믄)

언제가 편하세요?   - - - - - - - →   Wann würden es Ihnen passen?
                                       (반 뷔르덴 에스 이넨 파쎈)

초대하기

누군가와 어떤 곳을 가고 싶다면 사용해야 할 동사는 '오다'의 뜻을 가진 kommen (콤멘)입니다.

Kommen Sie
mit?
(콤믄 지 미트)

←- - - - - - - 존칭형

일반형 - - - - - - - →

Kommst du
mit?
(콤스트 두 미트)

같이 갈래요?

📝 초대하기 + 날짜

만약 초대를 할 때 특정한 날짜를 지정해서 말하고 싶다면 아래 형태의 문장을 사용하면 돼요.

~에 나올 수 있어요?

존칭형	Kommen Sie (콤믄 지)	+	날짜	+	mit? (미트)
일반형	Kommst du (콤스트 두)	+	날짜	+	mit? (미트)

오늘 같이 갈래? ----→ **Kommst du heute mit?**
(콤스트 두 호이터 미트)

내일 같이 가실래요? ----→ **Kommen Sie morgen mit?**
(콤믄 지 모르겐 미트)

이번 주 토요일에 같이 갈래? ----→ **Kommst du an diesem Samstag mit?**
(콤스트 두 안 디젬 잠스탁 미트)

이번 달 17일에 같이 가실래요? ----→ **Kommen Sie am 17. mit?**
(콤믄 지 암 집첸텐 미트)

~에서 만날까?

Was halten Sie vom   **+**   장소(남성/중성) ?
(바스 할덴 지 폼)

Was halten Sie von der   **+**   장소(여성) ?
(바스 할텐 지 폰 데어)

"랏츠튜브" 레스토랑에서 만날까?

**Was halten Sie vom Restaurant
"Ratstube"?**
(바스 할텐 지 폼 레스토어란트 "랏츠튜브")

"아인슈타인" 커피숍에서 만날까?

**Was halten Sie vom Café
"Einstein"?**
(바스 할텐 지 폼 카페 "아인슈타인")

📝 시간 정하기

독일 사람과 약속시간을 정할 때 많은 사람들이 걱정할 거예요. 독일 사람들은 시간에 매우 엄격하기 때문이에요. 그렇다면 30분 전에 도착해있으면 되지 않을까요? 하지만 사실 그렇게까지 걱정할 필요는 없어요! 만약 상대방 집으로 가기로 했는데 30분 전에 도착한다면 그것 역시 예의가 아니기 때문이에요. 그냥 딱 맞는 시간에 도착하면 돼요. 혹 5~10분 정도 늦더라도 괜찮습니다.

~일 ~시에 만나는 것 괜찮아요?

Passt es Ihnen/dir + am + 날짜 + um + 시간?
(파스트 에스 이넨/디어)　　(암)　　　　　　(움)

월요일 10시 괜찮으세요?

Passt es Ihnen am Montag um zehn?
(파스트 에스 이넨 암 몬탁 움 첸)

5월 1일 11시 괜찮으세요?

Passt es dir am 1.Mai um elf?
(파스트 에스 디어 암 에르스텐 마이 움 엘프)

초대에 응하기

누군가가 초대를 해줬다면 당연히 시간이 있는지, 갈 수 있는지, 괜찮은지, 일이 있는지 말해줘야 되겠죠? 대답을 하는 데에도 여러 가지 방법이 있답니다. 만약 상대방이 괜찮은지 물어본다면 이렇게 대답할 수 있어요.

좋아, 괜찮아!

Ja, das würde passen.
(야, 다스 뷔르데 파쎈)

Ja, das geht.
(야, 다스 게트)

Ja, ist mir recht.
(야, 이스트 미어 레히트)

만약 '안 돼', '안 괜찮아'라고 대답할 때는 leider(라이더)를 사용해서 미안한 마음을 나타낼 수 있어요.

정말 미안해, 나는 못 갈 것 같아.
Es geht leider nicht.
(에스 게트 라이더 니히트)

초대에 거절하기

너무 아깝다. 나는 못 가. ------→ Das passt leider nicht.
(다스 파스트 라이더 니히트)

너무 아쉽다. 나는 갈 수가 없어. ------→ Das geht leider nicht.
(다스 게트 라이더 니히트)

나는 그때 출근해야 돼. ------→ Ich habe da nicht frei.
(이히 하베 다 니히트 프하이)

정말 미안. 시간이 없어. ------→ Tut mir Leid. Ich habe keine Zeit.
(투트 미어 라이트 이히 하베 카이네 짜이트)

너무 아쉽다. 다른 약속이 있어. ------→ Ich habe leider schon etwas vor.
(이히 하베 라이더 숀 에트바스 포어)

나는 그때 너무 바빠. ------→ Zurzeit bin ich sehr beschäftigt.
(쭈어짜이트 빈 이히 제어 베쉐프티그트)

410

📝 그날은 시간이 없어

만약 상대방에게 '네가 말한 그 날 혹은 그 시간에는 시간이 없어.'라고 말하고 싶다면
아래의 문장처럼 말하면 돼요.

> **날짜/시간 ~에는 안 돼**
>
> 날짜/시간 **+** geht leider nicht.
> (게트 라이더 니히트)

월요일에는 안 돼.
Montag geht leider nicht.
(몬탁 게트 라이더 니히트)

아침 9시에는 시간이 없어.
9 Uhr geht leider nicht.
(노인 우어 게트 라이더 니히트)

내일은 안 돼.
Morgen geht leider nicht.
(모흐겐 게트 라이더 니히트)

오후 2시에는 시간이 없어.
14 Uhr geht leider nicht.
(피어첸 우어 게트 라이더 니히트)

다른 날짜/시간으로 변경하기

독일어로 날짜 변경은 verschieben(페어쉬벤)을 사용합니다. 그리고 다른 날짜나 시간으로 바꾸고 싶을 때는 아래처럼 간단하게 표현하면 돼요.

~로 바꿀 수 있어? (날짜)

Geht es denn am   **+**   날짜?
(게트 에스 덴 암)

목요일로 바꿀 수 있을까?

Geht es denn am **Donnerstag**?
(게트 에스 덴 암 도너스탁)

2일로 바꾸면 안 돼?

Geht es denn am **2.**?
(게트 에스 덴 암 쯔바이텐)

내일은 돼?

Geht es **morgen**?
(게트 에스 모흐겐)

만약 언급하는 시간이 heute(호이터) 오늘이나 morgen(모흐겐) 내일처럼 고유명사가 아닐 때는 시간 앞에 전치사 am(암)을 사용할 필요가 없어요.

~로 바꿀 수 있어? (시간)

Geht es denn um   +   시간?
(게트 에스 덴 움)

오후 2시로 바꿀 수 있어?

Geht es denn um 2?
(게트 에스 덴 움 쯔바이)

오전 10시로 바꿀 수 있어?

Geht es denn um 10?
(게트 에스 덴 움 첸)

~로 미룰 수 있어?

Können wir den Termin auf den ＋ 날짜 ＋ verschieben?
(쾨넨 비어 덴 테르민 아우프 덴)　　　　　　　　　　　(페어쉬벤)

30일로 미룰 수 있어?

Können wir den Termin auf den 30. verschieben?
(쾨넨 비어 덴 테르민 아우프 덴 드라이씨히스텐 페어쉬벤)

1일로 미뤄도 돼?

Können wir den Termin auf den 1. verschieben?
(쾨넨 비어 덴 테르민 아우프 덴 에르스텐 페어쉬벤)

✍ 약속 취소하기

약속 취소는 absagen(압자겐)을 사용합니다.

> ~의 약속을 취소해야 할 것 같아
>
> Ich muss den Termin am ＋ 날짜 ＋ leider absagen.
> (이히 무스 덴 테르민 암)   (라이더 압자겐)

월요일 약속을 취소해야 할 것 같아.
Ich muss den Termin am **Montag**
leider absagen.
(이히 무스 덴 테르민 암 몬탁 라이더 압자겐)

2일 약속을 취소해야 할 것 같아.
Ich muss den Termin am **2.** leider
absagen.
(이히 무스 덴 테르민 암 쯔바이텐 라이더 압자겐)

10일 약속을 취소해야 할 것 같아.
Ich muss den Termin am **10.** leider
absagen.
(이히 무스 덴 테르민 암 첸텐 라이더 압자겐)

때때로 예상치 못한 일이 벌어지는 경우가 있어요. 그곳에 갈 수가 없거나 제시간에 갈 수도 없는 것처럼 말이에요. 그렇다면 약속을 한 상대에게 잘 설명해줘야 기다리는데 불편하지 않겠죠?

차가 너무 막혀서 좀 늦을 것 같아.
Ich bin im Stau, ich muss vielleicht| später ankommen.
(이히 빈 임 슈타우 이히무스 필라이히트 슈페터 안 콤멘)

차가 움직일 수가 없어.
Der Verkehr war katastrophal.
(데어 페어케어 바 카타스트로팔)

약속시간을 30분만 늦출 수 있을까?
Kann ich mich um eine halbe Stunde verspäten?
(칸 이히 미히 움 아이네 할베 슈툰드 페어슈페텐)

회의가 너무 늦게 끝났어.
Die Besprechung endete sehr spät.
(디 베슈프레쿵 엔데테 제어 슈페트)

미안, 오늘 급한 일이 생겼어.
Tut mir Leid. Da ist etwas Dringendes dazwischen gekommen.
(투트 미어 라이드. 다 이스트 에트바스 드링겐데스 다쯔바쉔 게콤믄)

정말 미안해. 늦잠을 잤어.
Entschuldigung für die Verspätung. Ich habe verschlafen.
(엔슐디궁 퓌어 디 페어슈페퉁 이히 하베 페어슐라픈)

CHAPTER
40

전화 통화
Telefongespräch

2015년 상반기 통계 결과에 따르면, 독일 전국에 약 1억 1200만 대의 핸드폰이 있는데, 인구는 8050만 명에 불과하다고 합니다. 이것을 보면 독일 사람들이 1대 이상의 핸드폰을 가지고 있다는 걸 알 수 있어요. 독일 사람들이 핸드폰을 매우 중요한 연락 수단으로 여기고 있다는 뜻이에요.

▶ MP3 40-01

📝 전화기

전화기
das Telefon
(다스 텔레폰)

수화기
der Hörer
(데어 회허)

무선 전화기
das schnurlose Telefon
(다스 슈누어로제 텔레폰)

전화선
das Kabel
(다스 카블)

공중전화기
das Münztelefon
(다스 뮌쯔텔레폰)

핸드폰
das Handy
(다스 핸디)

전화 카드
das Kartentelefon
(다스 카르텐텔레폰)

시내 전화
das Ortsgespräch
(다스 오르츠게슈프레히)

장거리 전화
das Ferngespräch
(다스 페른게슈프레히)

국제 전화
das Auslandsgespräch
(다스 아우스란츠게슈히)

전화번호부
das Telefonbuch
(다스 텔레폰부흐)

핸드폰 번호
die Handynummer
(디 헨디눔머)

전화번호
die Telefonnummer
(디 텔레폰눔머)

전화 직불 카드
die vorbezahlte Telefonkarte
(디 포어베짤테 텔레폰카르테)

음성 사서함
der Anrufbeantworter
(데어 안루프베안트보르터)

팩시밀리
das Faxgerät
(다스 팍스게레트)

팩스
faxen
(팍슨)

메시지
die SMS
(디 에스엠에스)

전화 연결원
Die Vermittlung
(디 페어미틀룽)

전화를 받다
ab|nehmen
(압네머)

전화를 끊다
auf|legen
(아우프레겐)

메시지를 보내다
texten
(텍스턴)

전화가 오다
der eingehende Anruf
(데어 아인게헨데 안후프)

전화를 걸다
der ausgehende Anruf
(데어 아우스게헨데 안후프)

받은 전화
der empfangene Auruf
(데어 엠팡에네 안후프)

받지 않은 전화
der verpasste Anruf
(데어 페어파스테 안후프)

지금 거신 번호는 없는 번호입니다.

Es gibt keinen Anschluß unter dieser Nummer.

(에스 깁트 카이넨 안슐루쓰 운터 디저 눔머)

통화 중입니다.

Die Leitung ist besetzt.

(디 라이퉁 이스트 베제츠트)

연락을 받을 수 없습니다.

Ich kann Sie nicht erreichen.

(이히 칸 지 니히트 에어라이헨)

전화 받을 사람이 없습니다.

Niemand ist da.

(니만트 이스트 다)

📝 공중전화 이용하기

많은 사람들이 한 번쯤은 생각해봤을 문제예요. 독일 사람들은 모두 핸드폰이 하나씩 있을텐데, 공중전화가 있을 필요가 있을까? 물론이에요. 우리나라처럼 독일의 공공장소에는 공중전화가 있어요. 관광객이나 긴급한 상황에 쓰이기 위함이에요. 핸드폰을 가지고 외국을 나가더라도 SIM 카드를 반드시 살 수 있는 것이 아니기 때문에 공중전화를 사용하게 될 수도 있어요.

1. 수화기를 든다   **Hörer abnehmen** (회러 압네믄)
2. 동전을 넣는다   **Münzen einwerfen** (뮌쩬 아인베르픈)
3. 카드를 긁는다   **Telefonkarte einstecken** (텔레폰카르테 아인슈테큰)
4. 전화번호를 누른다(시내)   **(Vorwahl) Nummer wählen** (포어발 눔머 벨른)

📧 전화 받기

독일 사람들은 전화를 받으면 먼저 자신의 성을 밝혀서 전화를 건 사람이 제대로 전화를 걸었는지 알 수 있도록 해요. 이렇게 하면 굉장히 편하겠죠!

전화를 받을 때

전화를 받는 사람의 성씨 **+** guten Tag!
(구텐 탁)

스미스입니다.
안녕하세요!

--→ Schmidt, guten Tag!
(슈미트, 구텐 탁)

--→ Bei Schmidt, guten Tag!
(바이 슈미트, 구텐 탁)

Siemens 서비스팀의
스미스입니다. 안녕하세요!

------→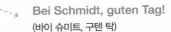
Siemens, Kundendienst,
Schmidt, guten Tag!
(지멘스, 쿤덴딘스트, 슈미트, 구텐 탁)

📝 ~를 찾아주세요

전화를 건 사람은 보통 먼저 목적, 찾는 사람, 본인이 누구인지 혹은 전화를 어디에 걸었는지 말하는 게 일반적이에요.

~좀 바꿔주시겠어요?

Könnte ich (mit) … sprechen?
(쾬테 이히 미트 슈프레헨)

뮐러 좀 바꿔주시겠어요?

Könnte ich mit Frau Müller sprechen?
(쾬테 이히 미트 프라우 뮐러 슈프레헨)

레나와 통화할 수 있나요?

Könnte ich Lena sprechen?
(쾬테 이히 레나 슈프레헨)

~를 찾고 있어요, 감사합니다

Ich hätte gern ..., bitte.
(이히 헤테 게흔, 비터)

크라우스 씨를 찾고 있어요, 감사합니다.

Ich hätte gern Herrn Klaus, bitte.
(이히 헤테 게흔 헤른 클라우스, 비터)

바흐 씨 좀 바꿔주세요, 감사합니다.

Ich hätte gern Frau Bach, bitte.
(이히 헤테 게흔 프라우 바흐, 비터)

~ 있나요?

Ist ... da?
(이스 다)

정박사님 계세요?
Ist Dr. Jung da?
(이스트 도크토어 융 다)

에리카 있어요?
Ist Erika da?
(이스트 에리카 다)

어디서 전화를 걸었는지 물어보기

실례지만 누구십니까?
Wer spricht da, bitte?
(베어 슈프리히트 다, 비터)

어디서 걸으셨나요?
Wen darf ich melden?
(벤 다르프 이히 멜든)

전화 거신 분은 누구신가요?
Mit wem spreche ich, bitte?
(미트 벰 슈프레케 이히, 비터)

~때문에 걸었습니다. **+** 전화를 건 이유(명사)

Es geht um
(에스 게트 움)

- - - - →

다음 회의 때문에 걸었습니다.

Es geht um die nächste Besprechung.
(에스 게트 움 디 네크스테 베슈프레흉)

- - - - →

표를 예약하고 싶어서 전화했습니다.

Es geht um die Buchung einer Fahrkarte.
(에스 게트 움 디 부흥 아이너 파카르테)

- - - - →

신문에 광고를 올리고 싶어 걸었습니다.

Es geht um Ihre Anzeige.
(에스 게트 움 이어레 안짜이게)

🖊 바로 나예요

만약 전화를 받은 사람이 당신이 찾고 있던 사람이라면 '바로 나예요'라고 말할 거예요.

바로 나예요.
Am Apparat.
(암 아파라트)

🖊 잠시만요

전화를 받은 사람이 찾고 있던 사람이 아니라면 그는 아마 이렇게 말할 거예요.

잠시만요
잠시만요.
Einen Moment, bitte.
(아이넨 모멘트, 비터)

잠시만요, 바꿔드리겠습니다.
Bleiben Sie bitte dran. Ich verbinde.
(블라이벤 지 비터 드란. 이히 페어빈더)

잠시만요, 불러드리겠습니다.
Moment, bitte. Ich hole ihn/sie ab.
(모멘트, 비터. 이히 홀레 인/지 압)

CHAPTER 40

427

📝 잘못건 것 같아요

받은 전화가 실수로 잘못 걸려온 전화일 수도 있어요. 그럴 때는 이렇게 말해보도록 해요.

잘못 거셨습니다. 이곳은 ~예요

Sie haben sich wohl verwählt. Hier ist …
(지 하벤 지히 볼 페어벨트, 히어 이스트)

잘못 거셨습니다. 여기는 ABC입니다.

Sie haben sich wohl verwählt.
Hier ist ABC Firma.
(지 하벤 지히 볼 페어벨트,
히어 이스트 아베체 피르마)

잘못 거신 것 같습니다.
여기는 KFC지, 맥도날드가 아닙니다.

Sie haben sich wohl verwählt.
Hier ist K.F.C., nicht McDonald's.
(지 하벤 지히 볼 페어벨트,
히어 이스트 케이 에프 씨 니히트 맥도날드)

🖐 그는 지금 없어요

상대방이 찾고 있는 사람이 지금 바쁘거나 자리에 없는 경우 이렇게 말하세요.

죄송합니다. 그는 지금 없습니다(집이나 회사에서 사용할 수 있음).
Tut mir Leid, er/sie ist nicht im Haus.
(투트 미어 라이트, 에허/지 이스트 리히트 임 하우스)

미안해요. 그는 회의 중이에요.
Bedaure, er/sie ist in einer Besprechung.
(베다우어허 에어/지 이스트 인 아이너 베슈프레흥)

전화 받을 사람이 없어요.
Es nimmt niemand ab.
(에스 님트 니만트 압)

그는 지금 바빠요.
Er/sie spricht gerade auf der anderen Leitung.
(에어/지 슈프리히트 게하데 아우프 데어 안데헨 라이퉁)

그는 지금 연락을 받을 수 없습니다.
Er/sie ist im Augenblick leider nicht erreichbar.
(에어/지 이스트 임 아우겐블리크 라이더 니히트 에어라이히바)

메시지 남기기

만약 메시지를 남기는 대상이 남성이라면 호칭을 Herrn(헤른), 여성이라면 Faru(프라우)를 사용합니다.

> ~(남성/여성)께 메시지를 남겨드릴까요?
>
> Soll ich Herrn/Frau ... etwas ausrichten?
> (졸 이히 헤른/프라우 에트바스 아우스리히텐)

크라우스 씨께 메시지를 남겨드릴까요?

Soll ich Herrn Klaus etwas ausrichten?
(졸 이히 헤른 클라우스 에트바스 아우스리히텐)

슈왈츠 씨께 메시지를 남겨드릴까요?

Soll ich Frau Schwarz etwas ausrichten?
(졸 이히 프라우 슈바르츠 에트바스 아우스리히텐)

더 간단하게 말할 수도 있어요.

메시지 남겨드릴까요?

Möchten Sie eine Nachricht hinterlassen?
(뫼히텐 지 아이네 낙흐히트 힌터라쎈)

다른 말하기

다음에 다시 거세요!

Versuchen Sie es bitte später noch einmal.
(페어주켄 지 에스 비터 슈페터 녹흐 아인말)

다른 사람 바꿔드릴까요?

Möchten Sie jemand anderen sprechen?
(뫼히텐 지 예만트 안더렌 슈프레헨)

실례지만 몇 번으로 거셨어요?

Unter welcher Nummer sind Sie zu erreichen?
(운터 벨혀 눔머 진트 지 쭈 에어라이헨)

그에게 전화해달라고 부탁하기

죄송하지만 ~씨에게 전화해달라고 말씀해주실 수 있나요?

Würden Sie ihm/ihn bitte ausrichten, dass ... angerufen hat?
(뷔르덴 지 임/인 비터 아우스리히텐, 다스 안게후픈 하트)

죄송하지만 앤에게 전화해달라고 해주실 수 있나요?

Würden Sie ihm bitte ausrichten, dass Ann angerufen hat?
(뷔르덴 지 임 비터 아우스리히텐, 다스 앤 안게후픈 하트)

다시 걸게요

메시지를 남기지 않고 조금 있다가 다시 건다고 말하려면 어떻게 해야 할까요? 그럴 때는 이렇게 말하면 돼요.

괜찮아요, 감사합니다. 다음에 다시 걸게요.
Nein, danke. Ich rufe nochmal an.
(나인, 당커. 이히 후프 녹흐말 안)

언제 오나요

시간을 낭비하지 않기 위해 상대방에게 바로 그 사람이 언제 돌아와서 전화를 받을 수 있는지 물어보는 방법도 있어요.

> **그럼 ~씨는 언제쯤 돌아오나요?**
> **Wann wird … zurückerwartet?**
> (반 비어트 쭈뤼크에어바르테트)

그럼 프레드 씨는 언제쯤 돌아오나요?
Wann wird Herr Freud zurückerwartet?
(반 비어트 헤어 프로이트 쭈뤼크에어바르테트)

그럼 토니는 언제쯤 오나요?
Wann wird Tony zurückerwartet?
(반 비어트 토니 쭈뤼크에어바르테트)

바로 물어볼 수도 있어요.

그럼 그는 언제 다시 연락할 수 있을까요?

Wann kann ich ihn/sie am besten erreichen?

(반 칸 이히 인/지 암 베스텐 에어라이헨)

잘 안 들려요

네?	Wie bitte?(비 비터)
뭐라고 하셨어요?	Was sagen Sie gerade?(바스 자겐 지 게하데)
들리세요?	Hören Sie mich noch?(회렌 지 미히 녹흐)
안녕하세요, 듣고 계세요?	Hallo, sind Sie noch dran?(할로, 진트 지 녹흐 드란)
잘 안 들려요.	Ich verstehe Sie so schlecht.
	(이히 페어슈테헤 지 조 슐레히트)
조금 천천히 말해주시겠어요?	Könnten Sie bitte langsamer sprechen?
	(쾬텐 지 비터 랑자머 슈프레켄)
크게 말씀해주시겠어요?	Könnten Sie bitte etwas lauter sprechen?
	(쾬텐 지 비터 에트바스 라우터 슈프레헨)
다시 한 번 말씀해주시겠어요?	Könnten Sie das bitte wiederholen?
	(쾬텐 지 다스 비터 비더홀렌)

🖐 통화 마치기

만약 전화를 받은 상황이라면 전화를 끊기 전 도움을 요청했던 일을 다시 한 번 말해서 곧 도움을 줄 것이라는 것을 알려주는 일도 있어요.

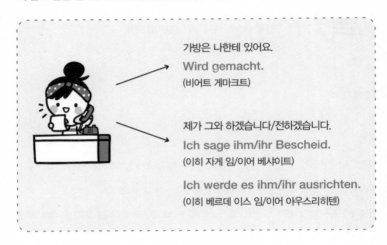

가방은 나한테 있어요.
Wird gemacht.
(비어트 게마크트)

제가 그와 하겠습니다/전하겠습니다.
Ich sage ihm/ihr Bescheid.
(이히 자게 임/이어 베샤이트)

Ich werde es ihm/ihr ausrichten.
(이히 베르데 이스 임/이어 아우스리히텐)

보통 전화를 끊는 말은 아래와 같아요.

전화주셔서 감사합니다!	Danke für Ihren Anruf!	(당커 퓌어 이넨 안후프)
알겠습니다.	Alles klar.	(알레스 클라)
제가 다시 걸겠습니다.	Ich melde mich.	(이히 멜데 미히)
다음에 또 연락해요!	Auf Wiederhören!	(아우프 비더회헌)

CHAPTER 41

축하하기
Glückwunsch

독일 현지의 경축일은 지역에 따라 다르기 때문에 1년 내내 독일에 있다고 해도 전부 참여할 수는 없어요. 세계적으로 유명한 경축일, 예를 들면 10월의 맥주 페스티벌 das Oktoberfest(다스 오크토버페스트)은 세계에서 가장 큰 맥주 축제이며 뮌헨에서 열려요. 바이에른 주의 열렬한 환영 속에 처음 만난 사람들끼리도 어깨동무를 하고 큰소리로 노래를 부르게 될 거예요. 그리고 쾰른 지방에도 역시 카니발 der Karneval(데어 카네발) 경축일이 있어요. 그곳에는 아마 매우 많은 카니발 행렬이 있을 거예요.

가장 중요한 경축일은 바로 부활절 das Osterfest(다스 오스터페스트)과 성탄절 die Weihnachten(디 바이나크텐)인데 연휴로 지정되어 매일 이곳저곳에서 축하행사들이 벌어지고 각각의 도시들은 저마다 도시를 아름답게 꾸밀 거예요. 그중 뉘른베르크는 성탄절 도시로 가장 유명한 도시예요. 경축일을 즐길 때는 다른 사람과 함께 나눠야 함을 잊지 말아요!

▶ MP3 41-01

📝 중요한 경축일에 하는 축하말

새해 복 많이 받으세요!	Gutes neues Jahr! (구테스 노이에스 야)
메리 크리스마스!	Frohe Weihnachten! (프로헤 바이나크텐)
즐거운 부활절!	Frohe Ostern! (프로헤 오스턴)
기념일 축하해!	Schöne Feiertage! (쇠네 파이어타게)
생일 축하해!	

Herzlichen Glückwunsch zum Geburtstag!
(헤르쯸리헨 클뤼크분쉬 쭘 게부어츠 탁)

436

(▶ MP3 41-02)

📝 자주 쓰이는 축하말

방금 배운 말들처럼 특별한 기념일에 사용하는 말들 이외에, 밑에 있는 문장들을 보면 서양 사람들은 '부자되세요, 건강하게 지내세요' 같은 축하말을 별로 중시하지 않는다는 걸 알 수 있어요. 상대방의 뜻대로 이뤄지길 바라면 그 안에 이 모든 것들이 포함되어 있다고 생각하기 때문이에요.

진심으로 축하해요!
Herzlichen Glückwunsch!
(헤르쯜리헨 클뤼크분쉬)

모든 것이 잘 시작되고 바라던 대로 마무리되길 바라요.
Einen guten Rutsch!
(아이넨 구텐 후취)

하는 일이 모두 잘 되길 바라요!
Einen phantastischen Start und mögen Ihre Wünsche in Erfüllung gehen.
(아이넨 판타스티쉔 슈타르트 운트 뫼겐 이어레 뷘셰 인 에어필룽 게헨)

무슨 일이든 뜻대로 되길 바라요!
Mögen Ihre Geschäfte florieren und ihre Firma auch weiterhin erfolgreich arbeiten.
(뫼겐 이어레 게쉐프테 플로리어흔 운트 이어레 피르마 아우크 바이터힌 에어폴그라이히 아바이텐)

올해에는 꼭 성공하길 바라요.
Möge das neue Jahr Ihnen Glück und Erfolg bringen.
(뫼게 다스 노이에 야 이넨 글뤼크 운트 에어폴그 브링엔)

생일 축하말

생일 축하해.

Alles Gute zum Geburtstag.

(알레스 구테 쭘 게부어츠탁)

모든 일이 잘 되고, 잊지 못할 아름다운 생일이 되길 바라.

**Ich wünsche dir nur das Beste und einen schönen,
unvergesslichen Geburtstag.**

(이히 뷘셰 디어 누어 다스 베스테 운트 아이넨 쇠넨, 운페어게슬리헨 게부어츠탁)

이번 생일에 사랑과 아름다움을 얻길 바라.

**Zu deinem Geburtstag wünsche ich dir alles erdenklich
Liebe und Gute.**

(쭈 다이넴 게부어츠탁 뷘쉐 이히 디어 알레스 에어뎅클리히 리베 운트 구트)

여행가는 사람에게 하는 축하말

친구나 동기가 여행을 간다면 어떤 축하말을 해줄 수 있을까요? 한번 알아볼까요?

조심히 가(귀갓길)!
Gute Fahrt!
(구트 파르트)

잘 다녀오세요(여행)!
Gute Reise!
(구트 라이저)

여행가는 사람에게
하는 축하말

재밌게 놀아!
Viel Spaß!
(필 슈파쓰)

한국에서 좋은 시간을 보내고 오길!
Schöne Zeit in Korea!
(쇠네 짜이트 인 코레아)

여러 장소에서 하는 축하말

~ 축하해

Ich gratuliere zu + 명사
(이히 그라툴리어헤 쭈)

결혼 축하해요!

Ich gratuliere zu Ihrer Hochzeit!
(이히 그라툴리어헤 쭈 이어레 호크짜이트)

승진 축하드립니다!

Ich gratuliere Ihnen zu Ihrer Beförderung!
(이히 그라툴리어헤 이넨 쭈 이어레 베푀르더훙)

출산 축하해요

Ich gratuliere euch zur Geburt eures Sohnes.
(이히 그라툴리어헤 오이히 쭈어 게부르트 오이레스 조네스)

시험 보는 사람에게 하는 축하말

성공하길! / 파이팅!
Ich drücke dir die Daumen!
(이히 드뤼케 디어 디 다움)

포기하지 마!
Gib nicht auf!
(깁 니히트 아우프)

시험보는 사람에게
하는 축하말

최선을 다해!
Gib dein Bestes!
(깁 다인 베스테스)

붙길 바래!
Viel Erfolg!
(필 에어폴그)

자기 전에 하는 말

잘 자!
Schlaf gut!
(슐라프 구트)

좋은 꿈 꿰!
Träum schön!
(트로움 쉔)

상대방의 말에 대답하기

고마워, 너도!
Danke, gleichfalls!
(당커, 글라이히팔스)

정말 고마워, 너도 그렇게 되길 바래!
Besten Dank, ebenfalls!
(베스텐 당크, 에벤팔스)

공감해주기

Das Mitgefühl

독일어 Sympathie(짐파티)의 뜻은 결코 동정하다가 아니며 오히려 '좋은 느낌'이나 '좋아하다'의 뜻을 가지고 있어요. 동정의 경우에는 Mitgefühl(미트게퓔)로 표현할 수 있어요.

친구에게 안 좋은 일이 생겼다면 힘내라는 표현을 해줘야 해요. 걱정하고 있는 사람이 있다는 생각이 들도록 말이에요. 사람이 즐거울 때 함께 있어주는 것보다 힘들 때 함께 있어주는 것이 훨씬 더 중요해요.

(▶) MP3 42-01

힘들 때 함께 있어주는 친구가 진정한 친구다.
Ein Freund in der Not ist ein wahrer Freund.
(아인 프로인트 인 데어 노트 이스트 아인 바러 프로인트)

📝 매우 유감이야

유감이라는 표현을 할 경우 보통 이런식으로 표현을 해요.

나는 매우 유감이야
Es tut mir Leid.
(에스 투트 미어 라이트)

'나는 매우 유감이야' 정도의 말로는 그 사람을 위로할 수는 없을 거예요. 이럴 때는 '난 알고 있어, 네가 얼마나 힘들지 알겠어'와 같은 말을 해주면 좋을 거예요.

CHAPTER 42

(정말) 당신 대신해서 아프고 싶어요(유감입니다).

Es tut mir (richtig) Leid für Sie.

(에스 투트 미어 리히티히 라이트 퓌어 지)

네 기분을 알겠어.

Ich kann das gut nachfühlen.

(이히 칸 다스 구트 나크퓔렌)

네가 이미 매우 힘들다는 걸 알아요.

Ich weiß, Sie haben Ihr Bestes gegeben.

(이히 바이쓰 지 하벤 이어 베스테스 게게븐)

이건 정말 간단한 일이 아니야.

Das ist nicht leicht.

(다스 이스트 니히트 라이히트)

여러 상황에서 위로하기

네 소식을 들어서
매우 유감이야.

$- - - \rightarrow$

Ich bedaure, das zu hören.
(이히 베다우어헤, 다스 쭈 회렌)

정말 아쉽다!

$- - - \rightarrow$

Das ist aber Schade!
(다스 이스트 아버 샤더)

너무 상심하지 마!

$- - - \rightarrow$

Herzliches Beileid!
(헤르쯜리헤스 바일라이트)

당신이 실직해서
정말 안타깝습니다.

$- - - \rightarrow$

Es tut mir Leid, dass Sie den
Job verlassen.
(에스 투트 미어 라이트, 다스 지 덴
좁 페어라쎈)

진심으로 위로할게요.

$- - - \rightarrow$

Ich spreche Ihnen mein
aufrichtiges Mitgefühl aus.
(이히 슈프레케 이넨 마인
아우프리히티게스 미트게퓔 아우스)

446

일상생활

Der Alltag

독일 사람들의 생활은 업무시간도 기차 시간처럼 흘러가요. 슈퍼마켓의 영업시간도 우리나라처럼 24시간 연중무휴가 아니에요. 빵집, 심지어 대형 백화점도 저녁 8시면 모두 문을 닫고 일요일에도 문을 닫는 경우가 있어요. 그래서 독일 사람들은 집 밖을 나설 때 항상 영업시간을 확인하는 습관을 가지고 있습니다.

그리고 독일 학생들은 어려서부터 오전에만 수업하고 야외 활동에 더 많은 시간을 할애하여 어렸을 때부터 스스로를 관리하는 능력을 기를 수 있게 해줘요.

(▶ MP3 43-01

📖 Reflexive Verben 재귀동사

이 단어를 설명하기 전에 먼저 관련된 동사를 소개할게요. 일상생활과 관련된 동사 중 재귀동사에 해당되는 단어는 매우 많기 때문이에요. 재귀동사도 일반 동사와 마찬가지로 목적어를 받아야 하며, 수식하는 목적어와 동사는 한 사람이어야 합니다. waschen(바셴)은 씻다의 뜻을 가지고 있으며 목적어가 필요한 동사예요.

나는 세차를 해요.

주어	+	동사	+	목적어	
Ich		wasche		das Auto.	
(이히)		(바셰)		(다스 아우토)	
나는		씻다		차를	

하지만 목적어가 '나'라면 ich(이히)로 표현할 수 없습니다. 독일어의 대명사는 매우 종류가 많고 문장의 역할에 따라 그 형식이 바뀐다는 것을 알고 있을 거예요. 그렇기 때문에 두 번째 ich는 반드시 목적격 Akkusativ(아쿠자티브)의 형식으로 바뀌어야 해요.

나는 목욕을 해요.

주어	+	동사	+	목적어
Ich		wasche		mich.
(이히)		(바셔)		(미히)
나는		씻다		내 자신을

sich가 목적어로 변하는 형식

대명사가 목적어로 변하는 형식일 때 한 사람만 대명사로 부를 수 있고 두 번째 사람은 대명사로 부르려면 ich, du, wir, ihr처럼 변화를 줘야 돼요. 이밖에 대명사는 모두 sich로 변해요.

주어	목적어
ich(이히) 나	mich(미히)
du(두) 너	dich(디히)
er(에어) 그	
sie(지)	sich(지히)
es(에스)	

주어	목적어
wir(비어) 우리	uns(운스)
ihr(이어) 너희	euch(오이히)
Sie(지) 당신들	sich(지히)
sie(지) 그들	sich(지히)

(제3자를 칭하는 대명사는 er/sie/es/sie이며 목적격 형식은 모두 sich를 사용한다는 걸 잊지 말아요)

샤워하다
sich waschen
(지히 바셴)

나는 샤워를 해요.	Ich wasche mich.	(이히 바셰 미히)
너는 샤워를 해요.	Du wäschst dich.	(두 베쉬스트 디히)
그는 샤워를 해요.	Er wäscht sich.	(에어 베쉬트 지히)
우리는 샤워를 해요.	Wir waschen uns.	(비어 바셴 운스)
너희는 샤워를 해요.	Ihr wascht euch.	(이어 바쉬트 오이히)
당신들은 샤워를 해요.	Sie waschen sich.	(지 바셴 지히)
그들은 샤워를 해요.	Sie waschen sich.	(지 바셴 지히)

머리를 빗다
sich kämmen
(지히 케먼)

나는 머리를 빗어요.	Ich kämme mich.	(이히 케머 미히)
너는 머리를 빗어요.	Du kämmst dich.	(두 켐스트 디히)
그는 머리를 빗어요.	Er kämmt sich.	(에어 켐트 지히)
우리는 머리를 빗어요.	Wir kämmen uns.	(비어 켐멘 운스)
너희들은 머리를 빗어요.	Ihr kämmt euch.	(이어 켐트 오이히)
당신들은 머리를 빗어요.	Sie kämmen sich.	(지 케먼 지히)
그들은 머리를 빗어요.	Sie kämmen sich.	(지 케먼 지히)

Dative 재귀대명사

나는 내 손을 씻어요, 나는 내 얼굴을 씻어요 처럼 문장 중에 다른 목적어가 있다면 재귀대명사는 바로 목적격이 될 수 없으며 여격으로 바뀌어야 합니다.

나는 내 손을 씻어요.

주어	**+**	동사	**+**	여격	**+**	목적격
나는		씻는다		내		손을
Ich		wasche		mir		die Hände.
(미어)		(바셰)		(미어)		(디 헨데)

한 가지 주의해야 할 점은 여기서 mich(미히)를 사용하여 목적격의 나를 나타내지 않고 mir(미어)를 사용했다는 거예요. 이 문장에서 여격의 역할을 했기 때문이죠. 여격 형식의 대명사는 이 두 가지 뿐이며 목적격 형식과 생김새가 달라요.

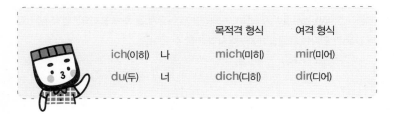

		목적격 형식	여격 형식
ich(이히)	나	mich(미히)	mir(미어)
du(두)	너	dich(디히)	dir(디어)

씻다   **+**   손을
sich waschen   die Hände
(지히 바쉔)   (디 헨데)

나는 손을 씻어요.	Ich wasche mir die Hände.	(이히 바셔 미어 디 헨데)
너는 손을 씻어요.	Du wäschst dir die Hände.	(두 베쉬스트 디어 디 헨데)
그는 손을 씻어요.	Er wäscht sich die Hände.	(에어 베쉬트 지히 디 헨데)
우리는 손을 씻어요.	Wir waschen uns die Hände.	(비어 바셴 운스 디 헨데)
그들은 손을 씻어요.	Ihr wascht euch die Hände.	(이어 바쉬트 오이히 디 헨데)
당신들은 손을 씻어요.	Sie waschen sich die Hände.	(지 바셴 지히 디 헨데)
그들은 손을 씻어요.	Sie waschen sich die Hände.	(지 바셴 지히 디 헨데)

그렇다면 어떤 동사들이 재귀동사에 속하는지 어떻게 알 수 있을까요? 만약 동사 앞에 sich가 있다면 틀림없이 재귀동사라고 할 수 있어요.

🖊 일상생활에 대해 말하기

앞에서 문법이 여러분의 머리를 아프게 했나요? 그럼 이제 다시 본론으로 돌아갈게요. 우리는 매일 어떤 일들을 하나요? 그리고 독일어로는 어떻게 표현해야 할까요? 함께 보도록 해요!

나는 일어났어.
Ich wache auf.
(이히 바허 아우프)

나는 화장실에 갔어.
Ich gehe aufs Klo.
(이히 게헤 아우프스 클로)

나는 세수를 했어.
Ich wasche mir das Gesicht.
(이히 바셔 미어 다스 게지히트)

나는 이를 닦았어.
Ich putze die Zähne.
(이히 푸쩨 디 쩨네)

나는 샤워를 했어.
Ich wasche mich.
(이히 바셔 미히)

나는 목욕을 했어.
Ich dusche mich.
(이히 두셔 미히)

나는 옷을 입었어.
Ich ziehe mich an.
(이히 쩨헤 미히 안)

나는 화장을 했어.
Ich schminke mich.
(이히 슈밍케 미히)

CHAPTER 43

453

나는 면도를 했어.
Ich rasiere mich.
(이히 라지어헤 미히)

나는 머리를 빗었어.
Ich kämme mich.
(이히 케머 미히)

나는 아침밥을 먹었어.
Ich frühstücke.
(이히 프뤼슈튀케)

나는 집을 나섰어.
Ich fahre ab.
(이히 파허 압)

나는 차를 타고 출근을 했어.
Ich fahre zur Arbeit.
(이히 파허 쭈어 아바이트)

나는 학교에 갔어.
Ich gehe zur Schule.
(이히 게헤 쭈어 슐러)

나는 대학에 갔어.
Ich gehe zur Uni.
(이히 게헤 쭈어 우니)

나는 아이를 학교에 데려다 줬어.
Ich bringe die Kinder zur Schule.
(이히 브링어 디 킨더 쭈어 슐러)

나는 수업을 들었어.
Ich studiere.
(이히 슈투디어허)

나는 출근을 했어.
Ich arbeite.
(이히 아바이터)

나는 점심밥을 먹었어.
Ich esse zu Mittag.
(이히 에쎄 쭈 미탁)

나는 퇴근했어. / 수업이 끝났어.
Ich mache Feierabend.
(이히 막허 파이어아벤트)

나는 집에 갔어.
Ich gehe nach Hause.
(이히 게헤 낙흐 하우저)

나는 밥을 했어.
Ich koche.
(이히 코허)

나는 공부를 했어.
Ich mache die Hausaufgaben.
(이히 막허 디 하우스아우푸가벤)

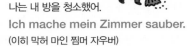

나는 내 방을 청소했어.
Ich mache mein Zimmer sauber.
(이히 막허 마인 찜머 자우버)

나는 저녁밥을 먹었어.
Ich esse
Abendbrot.
(이히 에쎄 아벤트브호트)

나는 빨래를 했어.
Ich mache die
Wäsche.
(이히 막허 디 베셔)

나는 옷을 벗었어.
Ich ziehe mich
aus.
(이히 찌헤 미히 아우스)

나는 노래를 들었어.
Ich höre Musik.
(이히 회허 무지크)

나는 운동을 했어.
Ich treibe Sport.
(이히 트라이베 슈포르트)

나는 텔레비전을 봤어.
Ich sehe fern.
(이히 제헤 페흔)

나는 알람시계를 맞췄어.
Ich stelle den Wecker.
(이히 슈텔레덴 베커)

나는 책을 읽었어.
Ich lese.
(이히 레저)

나는 잠을 잤어.
Ich gehe ins Bett.
(이히 게헤 인스 베트)

CHAPTER
44

먹고 마시기
Essen und Trinken

대다수의 독일 사람들은 회사 직원식당에서 밥을 먹어요. 그리고 학생이라면 학생식당에서 밥을 먹지요. 오전만 수업을 듣고 집에 가서 밥을 먹는 경우를 제외하고는 절반 이상의 독일 사람들은 주로 7, 8시에 저녁밥을 먹기 때문에 젊은 사람들은 외식을 하는 경우가 매우 많습니다.

독일 사람의 주식은 빵이에요. 우리나라 사람들이 주식으로 쌀밥을 먹는 것처럼 말이에요. 빵이 주식인 만큼 빵의 종류가 가장 많은 나라가 바로 독일이에요. 그 종류는 자그마치 350가지에 달해요. 쌀, 보리, 밀, 통밀 등 여러 가지 곡물을 주재료로 사용합니다. 이밖에도 독일에서 유명한 음식은 바로 소시지예요. 종류는 빵보다 훨씬 더 다양해서 1,500가지에 달해요. 하지만 의외로 요즘 채식을 하는 사람들이 점점 늘어나고 있어요.

▶ MP3 44-01

📝 Die Mahlzeiten 하루 세 끼

아침밥
das Frühstück
(다스 프뤼슈튀크)

점심밥
das Mittagessen
(다스 미탁스에쎈)

저녁밥
das Abendessen
(다스 아벤트에쎈)

애피타이저
die Erfrischung
(디 에어프리슝)

간식
der Nachtisch
(데어 나크티쉬)

📧 Die Arten von Gerichten 여러 가지 요리

한국 요리
koreanisches Essen
(코레아니쉐스 에쎈)

양식
westliches Essen
(베스틀리헤스 에쎈)

아시아 요리
östliches Essen
(외스틀리헤스 에쎈)

중국 요리
chinesisches Essen
(히네지쉐스 에쎈)

일본 요리
japanisches Essen
(야파니쉐스 에쎈)

채식 요리
vegetarisches Essen
(베게타리쉐스 에쎈)

태국식 요리
thailändisches Essen
(타이렌디쉐스 에쎈)

해산물
die Meeresfrüchte
(디 메어레스프뤼쉬터)

패스트푸드
der Schnellimbiss
(데어 슈넬임비스)

뷔페
das Buffet
(다스 뷔페)

📝 Der Geschmack 맛

신	단	짠	매운
sauer	süß	salzig	scharf
(자우어)	(쥐쓰)	(잘찍)	(샤흐프)

	새콤달콤한	싱거운	쓴
	süßsauer	fade	bitter
	(쥐쓰자우어)	(파터)	(비터)

새콤한	느끼한	맛있는	맛이 없는
säuerlich	fettig	lecker	geschmacklos
(조이얼리히)	(페틱)	(레커)	(게슈마크로스)

✍ Das Gericht 요리

대다수의 독일 사람들은 아침, 점심, 저녁에 먹는 음식들이 있어요.

Frühctück(프뤼슈튀크) 아침

빵
das Brot
(다스 브호트)

밀가루빵
das Brötchen
(다스 브룃헨)

die Semmel
(디 젬믈)

토스트
der Aufstrich
(데어 아우프슈트리히)

크로와상
das Hörnchen
(다스 회헌천)

햄
der Schinken
(데어 쉰켄)

버터
die Butter
(디 부터)

꿀
der Honig
(데어 호닉)

크림치즈
der Käse
(데어 케저)

잼
die Konfitüre
(디 콘피튀허)

삶은 계란

hartgekochtes Ei
(하르트게코크테스 아이)

달걀 후라이
das Spiegelei
(다스 슈피겔라이)

달걀 볶음
das Rührei
(다스 휘하이)

반숙 달걀
weichgekochtes Ei
(바이히게코크테스 아이)

오믈렛
das Omelett
(다스 오믈레트)

토스트
das Toastbrot
(다스 토스트브호트)

샐러드
der Salat
(데어 잘라트)

베이컨
der Speck
(데어 슈페크)

죽
die Reissuppe
(디 라이스주퍼)

살라미 소시지
die Salami
(디 잘라미)

머핀
der Pfannkuchen
(데어 판쿠흔)

Das Mittagessen/Das Abendessen 점심/저녁

피자	die Pizza	(디 피짜)
스테이크	das Steak	(다스 스테이크)
닭고기	das Hähnchen	(다스 헨션)
카레 소시지	die Currywurst	(디 커리부어스트)
햄버거	der Hamburger	(데어 함부르거)
샌드위치	das belegte Brot	(다스 베렉트 브호트)
감자튀김	die Pommes	(디 폼메스)
면	die Nudeln	(디 누델른)
돼지족발(독일 북부식)	das Eisbein	(다스 아이스바인)
슈바인학세(독일 남부식)	die Schweinshaxe	(디 슈바인스학세)
소금에 절인 양배추	das Sauerkraut	(다스 자우어크라우트)
슈니첼	der Schweinebraten	(데어 슈바이네브라이텐)
돼지갈비구이	das Schnitzel	(다스 슈니첼)
굴라시	das Gulasch	(다스 굴라쉬)

🎧 Der Nachtisch 디저트

케이크 der Kuchen (데어 쿠흔)	레브쿠헨 der Lebkuchen (데어 레브쿠흔)	아이스크림 die Torte (디 토르테)
과자 die Kekse (디 켁제)		케이크 das Eis (다스 아이스)
사탕 die Bonbons (디 봉봉스)	구운 사과 der Bratapfel (데어 브라트압풀)	초콜렛 die Schokolade (디 쇼콜라더)
초콜렛 케이크 das Konfekt (다스 콘페크트)		아펠슈트루델 der Apfelstrudel (데어 압펠슈트루델)

📝 Fleisch und Geflügel 고기의 종류

고기류
das Fleisch
(다스 플라이쉬)

양고기
das Lamm
(다스 람)

송아지고기
das Kalb
(다스 칼브)

소고기
das
Rindfleisch
(다스 린트플라이쉬)

닭고기
das Huhn
(다스 훈)

오리고기
die Ente
(디 엔테)

거위고기
die Gans
(디 간스)

돼지고기
das
Schweinefleisch
(다스 슈바이네플라이쉬)

📝 Meeresfrüchte 해산물

물고기
der Fisch
(데어 피쉬)

송어
die Forelle
(디 포렐레)

새우
die Garnele
(디 가르넬레)

청어
der Hering
(데어 헤어링)

가재
der Hummer
(데어 훔머)

Das Gemüse 야채

양배추	der Blumenkohl
	(데어 블루멘콜)
배추	das Kraut
	(다스 크라우트)
마늘	der Knoblauch
	(데어 크노블라우흐)
옥수수	der Mais
	(데어 마이스)
생강	der Ingwer
	(데어 잉버)
당근	die Karotte
	(디 카호터)
오이	die Gurke
	(디 구흐케)
파	der Schnittlauch
	(데어 슈니틀라우흐)

파슬리	die Petersilie
	(디 페터질리어)
바질	das Basilikum
	(다스 바질리쿰)
고추	der Chili
	(데어 칠리)
토마토	die Tomate
	(디 토마터)
파프리카	die Paprika
	(데어 파프리카)
레몬	die Zitrone
	(디 찌트로너)
감자	die Kartoffel
	(디 카르토펠)
양파	die Zwiebeln
	(디 쯔비벨른)
버섯	der Pilz
	(데어 필쯔)

📝 Das Obst 과일

사과
der Apfel
(데어 압펠)

바나나
die Banane
(디 바나네)

오렌지
die Orange
(디 오랑게)

앵두
die Kirsche
(디 키르쉐)

딸기
die Erdbeere
(디 에르트베허)

복숭아
der Pfirsich
(데어 피르쉬)

코코넛
die Kokosnuss
(디 코코스누쓰)

파인애플
die Ananas
(디 아나나스)

포도
die Weintrauben
(디 바이트라우벤)

멜론
die Honigmelone
(디 호니히멜로네)

수박
die Wassermelone
(디 바써멜로네)

📝 Das Getränk 음료

끓인 물	das Wasser (다스 바써)	레몬수	die Limo (디 리모)
생수	das Mineralwasser (다스 미네랄바써)	청량음료	die Spezi (디 슈페찌)
커피	der Kaffee (데어 카페)	콜라	die Cola (디 콜라)
차	der Tee (데어 테)	맥주	das Bier (다스 비어)
우유	die Milch (디 밀히)	와인	der Wein (데어 바인)
두유	die Sojamilch (디 조야밀히)	아이스크림	das Eis (다스 아이스)
주스	der Saft (데어 자프트)	빨대	der Strohhalm (데어 슈트로할름)

Memo

탄산음료

우리가 독일에서 살 수 있는 콜라나 탄산음료는 이미 시원하게 되어있는 상태이기 때문에 얼음을 넣을 필요가 없어요. 그리고 음료를 살 때 독일의 물이나 광천수에는 탄산이 들어있을 수 있어요. 만약 이름에 mit Kohlensäure (미트 콜렌조이허)라고 쓰여있다면 탄산이 들어있는 거예요. 사실 동양 사람들은 입에 안 맞을 수 있어요. 그렇기 때문에 물을 살 때 탄산을 싫어한다면 반드시 이름에 ohne Kohlensäure(오네 콜렌조이허)라고 쓰여있는 걸 사야 돼요.

📝 Die Gewürze 여러 가지 향료들

식초 der Essig (데어 에씨히)	소금 das Salz (다스 잘츠)	후추 der Pfeffer (데어 페퍼)	케첩 das Ketchup (다스 케첩)
기름 das Öl (다스 욀)	설탕 der Zucker (데어 쭈커)	카레가루 das Currypulver (다스 커리풀버)	겨자 der Senf (데어 젠프)
올리브유 das Olivenöl (다스 올리벤욀)	간장 die Sojasoße (디 조아조쎄)	고춧가루 die Chillisoße (디 칠리조쎄)	샐러드 드레싱 die Salatsoße (디 잘리트조쎄)

끓이다
gekocht
(게코크트)

푹 삶다
pochiert
(포크히어트)

부치다
gebraten
(게브라텐)

소스 뿌리다
in Soße
(인 조쎄)

튀기다
frittiert
(프리티어르트)

굽다
gegrillt
(게그릴트)

굽다
gebacken
(게바켄)

훈제
geräuchert
(게로이허르트)

찌다
gedämpft
(게뎀프트)

절이다
eingelegt
(아인겔레그트)

CHAPTER
45

식당과 주문하기

Im Restaurant

독일의 식당에서는 종업원이 테이블 구역을 나눠서 서비스를 제공해요. 만약 비교적 작은 식당이라면 한 명의 종업원이 거의 10개의 테이블을 봐야 합니다. 커다란 쟁반 까지 들고 있어야 하기 때문에 독일의 종업원들은 굉장히 힘들어 보여서 팁을 줄 때 이해가 되기도 할 거예요. 독일은 다른 유럽 국가들처럼 서비스료를 음식 가격에 포 함시키지 않기 때문에, 독일의 식당에 갔을 때 팁을 주는 것을 반드시 잊지 말아요.

▶ MP3 45-01

📝 식당

das Restaurant(다스 레스토란트)를 제외하고도 식당을 부르는 단어들이 몇 개 있어요.

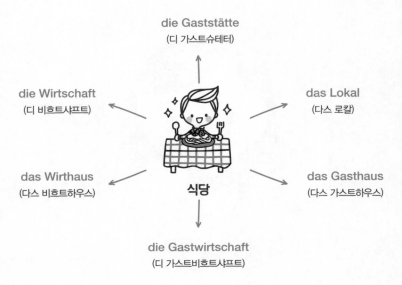

die Gaststätte
(디 가스트슈테터)

die Wirtschaft
(디 비흐트샤프트)

das Lokal
(다스 로칼)

das Wirthaus
(다스 비흐트하우스)

식당

das Gasthaus
(다스 가스트하우스)

die Gastwirtschaft
(디 가스트비흐트샤프트)

패스트푸드점

패스트푸드점 → die Imbissbude (디 임비스부더)
→ der Imbissstand (데어 임비스슈탄트)
→ die Imbissstube (디 임비스슈투버)

식당의 사람들

여종업원
die Bedienung
(디 베디눙)

요리사(남성)
der Koch
(데어 코흐)

손님(남성)
der Gast
(데어 가스트)

남종업원
der Kellner
(데어 켈너)

📝 Die Gänge 코스 요리

메뉴
die Speisekarte
(디 슈파이제카흐터)

오늘의 메뉴
das Tagesmenü
(다스 타케스메뉴)

코스 요리
das Menü
(다스 메뉘)

애피타이져
die Vorspeise
(디 포슈파이저)

메인 요리
das Hauptgericht
(다스 하우프트게리히트)

간단한 음료
der Aperitif
(데어 아퍼히티프)

지방 특색 음식
die Spezialitäten
(디 슈페찌알리테텐)

곁들이는 요리
die Beilage
(디 비일라거)

📝 Das Essbesteck 식기

테이블보	das Tischgedeck	(다스 티쉬게테크)
접시	der Teller	(데어 텔러)
스푼	die Suppenschüssel	(디 주펜슐쎌)
유리잔	das Glas	(다스 글라스)
와인글라스	das Weinglas	(다스 바인글라스)
잔	die Tasse	(디 타쎄)
맥주잔	der Becher	(데어 베셔)
컵받침	die Untertasse	(디 운터타쎄)
냅킨	die Serviette	(디 제르비터)
샐러드용 포크	die Salatgabel	(디 잘라트가블)
테이블 포크	die Tafelgabel	(디 타펠가블)
스테이크용 나이프	das Steakmesser	(다스 스테이크메써)
나이프	das Messer	(다스 메써)
테이블 숟가락	der Tafellöffel	(데어 타펠뢰펠)
찻숟가락	der Teelöffel	(데어 테뢰펠)
디저트 스푼	der Dessertlöffel	(데어 데저트뢰펠)
쟁반	das Tablett	(다스 타블레트)
바구니	der Korb	(데어 콥브)

📝 Tisch reservieren 자리 예약하기

유명하거나 고급스러운 식당은 어느 나라든 인기가 많아서 한 달 전부터 예약을 해야
하는 경우도 있어요. 만약 독일에서 전화로 예약을 하고 싶다면 이렇게 말하면 돼요.

> **예약을 하고 싶어요**
>
> Ich möchte gern für ➕ 날짜 ➕ 시간 ➕ 테이블 수
> (이히 뫼히테 게흔 퓌어)
>
> ➕ Tisch(e) für ➕ 인원 수
> (티쉬 퓌어)

오늘 저녁에 두 명 예약하고 싶어요.
Ich möchte gern für
heute Abend einen Tisch
für zwei.
(이히 뫼히테 게흔 퓌어 호이테
아벤트 아이넨 티쉬 퓌어 쯔바이)

화요일 오후 5시에 8명 예약하고 싶어요.
Ich möchte gern für diesen Dien-
stag um 5 Uhr abends zwei Tische
für acht.
(이히 뫼히테 게흔 퓌어 디젠 딘스탁
움 퓸프 우어 아벤츠 쯔바이 티쉐 퓌어 아크트)

일요일 저녁 8시에 4명을 예약하고 싶어요.
Ich möchte gern für den Sonntag
um 20 Uhr einen Tisch für vier.
(이히 뫼히테 게흔 퓌어 덴 존탁 움
쯔반찌히 우어 아이넨 티쉬 퓌어 피어)

점원에게 예약했다고 말하기

만약 예약을 이미 했다면 식당에 도착한 후 카운터로 가거나 종업원에게 예약했음을 말해주면 돼요.

~테이블 ~명 예약했어요

Wir haben + 테이블 +
(비어 하벤)

　　　　　Tisch(e) reserviert, auf den Namen + 예약한 이름
　　　　　(티쉬 레제비어트 아우프 덴 나멘)

한 테이블 슈나이더 이름으로 예약했어요.

Wir haben einen Tisch reserviert, auf den Namen Schneider.
(비어 하벤 아이넨 티쉬 리제비어트, 아우프 덴 나멘 슈나이더)

A 회사 이름으로 두 테이블 예약했어요.

Wir haben zwei Tische reserviert, auf den Namen Firma A.
(비어 하벤 쯔바이 티쉐 레저비어트, 아우프 렌 나멘 피르마 아)

먼저 예약을 하지 않았다면 자리가 있는지 없는지 행운에 맡겨볼 수밖에 없어요. 그렇기 때문에 식당에 도착했으면 점원에게 바로 몇 명인지 혹은 테이블 몇 개가 필요한지 말해야 합니다.

실례지만 ~테이블, ~명 자리 있나요?

테이블 수 **+** Tisch(e) für **+** 인원 수 **+** Person(en), bitte.
(티쉬 퓌어)   (페르존, 비터)

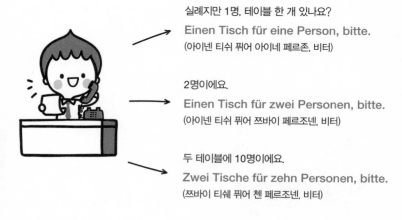

실례지만 1명, 테이블 한 개 있나요?
Einen Tisch für eine Person, bitte.
(아이넨 티쉬 퓌어 아이네 페르존, 비터)

2명이에요.
Einen Tisch für zwei Personen, bitte.
(아이넨 티쉬 퓌어 쯔바이 페르조넨, 비터)

두 테이블에 10명이에요.
Zwei Tische für zehn Personen, bitte.
(쯔바이 티쉐 퓌어 첸 페르조넨, 비터)

종업원 부르기 / 메뉴판 요청하기

| 죄송합니다. 실례합니다. | Entschuldigung. (엔슐디궁) |

Entschuldigen Sie, bitte.
(엔슐디겐 지, 비터)

메뉴판 좀 주세요.   Ich hätte gern die Speisekarte.
(이히 헤테 게흔 디 슈파이제카르터)

종업원이 '무엇으로 하시겠어요?'라고 물어봤을 때

어떤 걸로 주문하시겠어요?

Haben Sie schon gewählt?
(하벤 지 숀 게벨트)

무엇으로 주문하시겠어요?

Was möchten Sie bestellen?
(바스 뫼히텐 지 베슈텔렌)

어떤 음식부터 나오나요?

Womit möchten Sie anfangen?
(보미트 뫼히텐 지 안팡엔)

애피타이저로는 뭐가 있나요?

Was möchten Sie als Vorspeise?
(바스 뫼히텐 지 알스 포슈파이저)

아직 주문 안 할게요

아직이요, 시간을 조금만 더 주세요.

Noch nicht, wir brauchen noch einen Moment.

(녹흐 니히트, 비어 브라우켄 녹흐 아이넨 모멘트)

- -

추천해주실 음식이 있나요?

무엇을 시켜야 할지 모르겠는데
추천해주실만한 게 있나요?
→ Wir können uns nicht entscheiden.
Haben Sie etwas zu empfehlen?
(비어 쾨넨 운스 니히트 엔트샤이덴.
하벤 지 에트바스 쭈 엠펠렌)

추천해주실 음식 있나요?
→ Was sind Ihre Spezialitäten?
(바스 진트 이어레 슈페찌알리테텐)

주방에서 추천하는 음식이 있나요?
→ Was ist die Spezialität des Kochs?
(바스 이스트 디 슈페찌알리테트 데스 코크스)

오늘 특별한 음식으로는
어떤 게 있나요?
→ Gibt es heute etwas Besonderes?
(깁트 에스 호이테 에트바스 베존더레스)

오늘 어떤 음식을 추천하시나요?
→ Was gibt es heute als Tagesgericht?
(바스 깁트 에스 호이테 알스 타게스게리히트)

480

주문하기

음식을 주문할 때 음식 이름 앞에 관사를 붙이는 것을 잊지 말아요. 주문하는 음식의 수량을 나타내기 위해서예요. 그리고 이곳에서 사용하는 관사는 부정관사를 사용합니다.

ein(아인)   +   명사(남성, 중성, 단수)

eine(아이네)   +   명사(여성, 단수)

~로 주문할게요

Ich möchte ...   (이히 뫼히테)

Ich nehme ...   (이히 네메)

Ich bestelle ...   (이히 베슈텔레)

스테이크 하나로 할게요.

Ich möchte ein Steak.
(이히 뫼히테 아인 스테이크)

돼지 다리로 할게요.

Ich nehme ein Eisbein.
(이히 네메 아인 아이스바인)

피자 한 판 주문할게요.

Ich bestelle eine Pizza.
(이히 베슈텔레 아이네 피짜)

📝 음료 주문하기

음료는 무엇으로 하시겠어요?
Und zu trinken?
(운트 쭈 트링켄)

음료수는 ~로 할게요

..., bitte. (비터)

콜라 한 잔 주세요, 감사합니다.
Eine Cola, bitte.
(아이네 콜라, 비터)

커피 한 잔이요, 감사합니다.
Einen Kaffee, bitte.
(아이네 카페, 비터)

음식 성격 물어보기

실례지만 채식 음식 있나요?

Haben Sie vegetarische Gerichte?

(하벤 지 베게타리쉐 게히히터)

메뉴판의 숫자로 주문하기

만약 그 음식을 어떻게 읽을 줄 모르거나, 사진이 너무 많아 잘못 읽을까봐 두렵다면
메뉴판에 있는 숫자로 주문해도 돼요!

13번 음식 주세요.

Ich nehme die Nummer dreizehn.

(이히 네메 디 눔머 드라이첸)

20번 음식으로 주세요.

Wir nehmen die Nummer zwanzig.

(비어 네멘 디 눔머 쯔반찌히)

4번 2인분 주세요.

Wir möchten zwei Mal Nummer vier.

(비어 뫼히텐 쯔바이 말 눔머 피어)

👍 메뉴판을 못알아보겠어요

때때로 메뉴판을 보아도 무슨 음식인지 모를 때가 있어요. 이럴 때는 종업원에게 물어봐서 확인해볼 수밖에 없어요. 만약 물어보지 않고 함부로 주문했다가 못 먹는 음식이 나온다면 음식과 돈을 낭비하는 것 밖에 안 돼요!

그럼 뭐가 들어있어요?
Was ist das hier genau?
(바스 이스트 다스 히어 게나우)

이건 무슨 고기예요?
Was für ein Fleisch ist das?
(바스 퓌어 아인 플라이쉬 이스트 다스)

~ 더 주세요

무언가 필요하거나 더 원한다면 어떻게 해야 하는지 가장 간단한 방법으로 알려줄게요.

> **Könnte ich … haben?**(퀸테 이히 하벤)
> ~ 좀 주시겠어요?

설탕 좀 주시겠어요?
Könnte ich Zucker haben?
(퀸테 이히 쭈커 하벤)

캐첩 좀 주시겠어요?
Könnte ich Ketchup haben?
(퀸테 이히 케첩 하벤)

> ... , bitte(비터) ...좀 주세요.

소금 좀 주세요.   Salz, bitte.
(잘츠, 비터)

물 한 잔 주세요.   Ein Wasser, bitte.
(아인 바써, 비터)

종업원이 음식을 가져다줄 때

Lassen Sie es sich schmecken!
(라쎈 지 에스 지히 슈메켄)

Guten Appetit!
(구텐 아페티트)

맛있게 드세요!

✍ 질문이 있을 때

때때로 식당에 사람이 너무 많아서 종업원이 실수를 저지르게 될 수도 있어요. 종업원이 주위에 없거나 음식을 잘못 혹은 너무 늦게 가져오는 경우가 있을 수 있겠죠. 그렇다면 이렇게 말해주세요.

실례합니다, 아직도 기다려야 돼요?
Entschuldigung, dauert es noch lange?
(엔슐디궁, 다우에르트 에스 녹흐 랑어)

저는 이걸 시키지 않았어요.
Ich habe das nicht bestellt.
(이히 하베 다스 니히트 베슈텔트)

실례지만 얼마나 더 기다려야 돼요? (음식이 아직 나오지 않음)
Entschuldigung, ich warte immer noch auf meine Speise.
(엔슐디궁, 이히 바르테 임머 녹흐 아우프 마이네 슈파이저)

음식 칭찬하기

사람이 비난만 할 수는 없어요. 음식이 매우 맛있다면 칭찬해서 요리사와 종업원에게 힘이 나도록 해주세요.

맛있어요!
Das schmeckt mir gut!
(다스 슈메크트 미어 구트)

정말 맛있어요!
Sehr schmackhaft!
(제어 슈마크하프트)

정말 좋아요!
Sehr lecker!
(제어 레커)

계산하기

일반적으로 독일의 종업원들은 계산할 때 지갑을 지니고 있어서 계산을 하고 곧바로 거스름돈을 줄 수가 있어요. 그러면 손님은 카운터까지 왔다 갔다 할 필요도 없고 오래 기다릴 필요도 없겠지요.

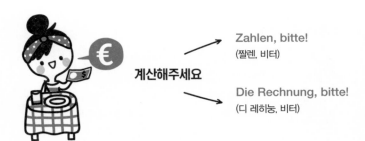

계산해주세요

Zahlen, bitte!
(짤렌, 비터)

Die Rechnung, bitte!
(디 레히눙, 비터)

같이 계산하세요? 아니면 따로 계산하세요?

Zusammen oder getrennt?

(쭈잠멘 오더 게트렌트)

모두 ~유로입니다. 감사합니다

Das macht … Euro, bitte.

(다스 마크트 오이호, 비터)

모두 50유로입니다. 감사합니다.

Das macht 50 Euro, bitte.

(다스 마크트 퓨프 찌히 오이호, 비터)

모두 25유로입니다. 감사합니다.

Das macht 25 Euro, bitte.

(다스 마크트 퓨프운트쯔반찌히 오이호, 비터)

거스름돈이 필요 없을 때

잔돈은 됐어요.

Stimmt so.

(슈팀트 조)

잔돈은 괜찮습니다. 감사합니다.

Bitte, der Rest ist für Sie.

(비터, 데어 레스트 이스트 퓌어 지)

CHAPTER
46

쇼핑

Einkaufen

사실 우리나라에서도 독일에서 온 제품들을 굉장히 많이 볼 수 있어요. Rittersport (리터스포트) 초콜릿, 소시지, Harribo(하리보) 젤리나 여러 가지 맥주 등이 있지요. 그리고 자동차, 가전제품, 철강, 피혁제품 심지어 화장품까지 Made in Germany만 붙어 있다면 브랜드의 가치가 올라가기도 해요. 그러니 독일에 가게 된다면 독일산 제품을 사서 친구들에게 나눠주는 것을 잊지 말아요.

(▶) MP3 46-01

📋 여러 상점

독일 사람들은 집을 나서서 쇼핑을 갈 때 시간표가 있어요. 대부분의 상점들은 오후 8시만 돼도 문을 닫고 토요일에도 한나절만, 일요일에도 쉬는 경우가 있어요. 우리나라처럼 시간과 관계없이 무엇을 살 수 있는 게 아니에요. 그리고 독일은 대부분 길거리 위에 상점이 있는 형식이지, 우리처럼 대형 쇼핑센터가 많지 않아요.

잡화점	das Lebensmittelgeschäft	(다스 레벤스미텔게쉐프트)
정육점	die Metzgerei	(디 메츠거라이)
빵집	die Bäckerei	(디 베커라이)
제과점	die Konditorei	(디 콘디토라이)
서점	der Buchladen	(데어 부흐라덴)
옷가게	das Kleidungsgeschäft	(다스 클라이둥스게쉐프트)
부티크샵	die Boutique	(디 부티크)
꽃집	das Blumengeschäft	(다스 블루멘게쉐프트)
시계샵	das Uhrengeschäft	(다스 우어렌게쉐프트)
향수샵	die Parfümerie	(디 파퓌머리)
운동용품샵	das Sportgeschäft	(다스 슈포르트게쉐프트)
중고제품샵	der Second-Hand-Shop	(데어 세컨드 한트 숍)
골동품샵	der Antiquitätenladen	(데어 안티쿠버테텐라덴)
가구점	das Möbelgeschäft	(다스 뫼벨게쉐프트)
가전제품샵	das Elektrogeschäft	(다스 엘레크트로게쉐프트)
신발샵	das Schuhgeschäft	(다스 슈게쉐프트)
철물점	die Eisenwarenhandlung	(디 아이젠바렌한들룽)
백화점	das Kaufhaus	(다스 카우프하우스)
슈퍼마켓	der Supermarkt	(데어 주퍼마르크트)
시장	der Markt	(데어 마르크트)
상점	das Geschäft	(다스 게쉐프트)

📝 세일

이 단어들을 주의 깊게 보세요. 독일에서 이 단어를 보게 된다면 고민하지 않고 가보세요. 양손에 가득 물건이 들려있게 될 수도 있어요!

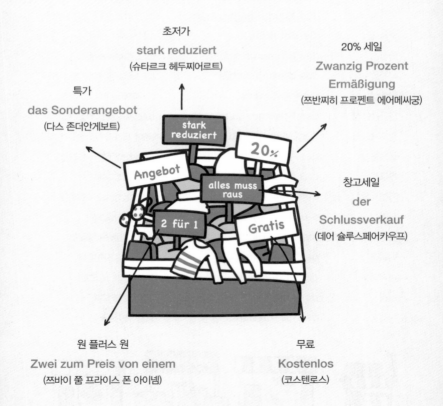

초저가
stark reduziert
(슈타르크 헤두찌어르트)

20% 세일
Zwanzig Prozent
Ermäßigung
(쯔반찌히 프로쩬트 에어메씨궁)

특가
das Sonderangebot
(다스 존더안게보트)

창고세일
der
Schlussverkauf
(데어 슐루스페어카우프)

원 플러스 원
Zwei zum Preis von einem
(쯔바이 쭘 프라이스 폰 아이넴)

무료
Kostenlos
(코스텐로스)

물건 판매

도매	der Großhandel	(데어 그로쓰한들)
소매	der Einzelhandel	(데어 아인쩰한들)
환불	die Rückzahlung	(디 뤼크짤룽)
판매원	der Verkäufer	(데어 페어코이퍼)
샘플	die Probe	(디 프호버)
바코드	der Streifenkode	(데어 슈트라이펜코데)
청구서	die Rechnung	(디 레히눙)
영수증	die Quittung	(디 쿠비퉁)
가격	der Preis	(데어 프라이스)
정가	der Normalpreis	(데어 노말프라이스)
세금	die Steuer	(디 슈토이어)
할인	der Rabatt	(데어 라바트)
총 가격	die Gesamtzahl	(디 게잠트짤)

- -

물건 판매할 때 아래의 동사를 사용할 수 있어요.

사다
kaufen
(카우픈)

파다
verkaufen
(페어카우픈)

교환, 환불하다
umtauschen
(움타우쉔)

📝 상품에 가서 물건 사기

상점에 들어갔다면 점원이 인사를 할 거예요. 우리가 평소에 하는 인사와 같아요.

안녕하세요!
Guten Tag!
(구텐 탁)

그리고 무엇이 필요한지 물어볼 거예요.

어떤 게 필요하세요?
Was (für eins) darf es sein?
(바스 (퓌어 아인스) 다르프 에스 자인)

Was kann ich für Sie tun?
(바스 칸 이히 퓌어 지 툰)

도움이 필요하세요?
Wie kann ich Ihnen behilflich sein?
(비 칸 이히 이넨 베힐플리히 자인)

494

~를 찾고 있어요

판매원에게 자신의 요구사항을 바로 말해줘도 괜찮아요. ~를 찾고 있어요,
~를 보고 싶어요와 같은 말로 말이죠. 이 문장 뒤에는 바로 사고 싶은 물건의 명
칭을 말하면 돼요.

~를 보고 싶어요

Ich suche …
(이히 주허)

나는 꽃을 보고 싶어요.

Ich suche eine
Blume.
(이히 주허 아이네 블루메)

나는 가방을 하나 보고 있어요.

Ich suche eine
Tasche.
(이히 주허 아이네 타쉐)

나는 컴퓨터를 보러 왔어요.

Ich suche einen
Computer.
(이히 주허 아이넨 콤푸터)

~ 좀 봐도 될까요?

Darf ich … mal sehen?
(다르프 이히 말 제헨)

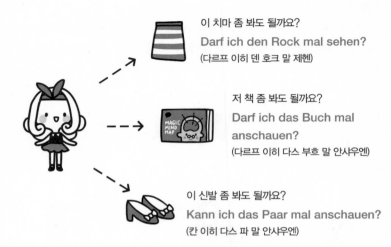

이 치마 좀 봐도 될까요?

Darf ich den Rock mal sehen?
(다르프 이히 덴 호크 말 제헨)

저 책 좀 봐도 될까요?

Darf ich das Buch mal anschauen?
(다르프 이히 다스 부흐 말 안샤우엔)

이 신발 좀 봐도 될까요?

Kann ich das Paar mal anschauen?
(칸 이히 다스 파 말 안샤우엔)

- -

그냥 좀 볼게요

특별히 사고 싶은 물건 없이 그저 보러 온 거라면 이렇게 말해요.

그냥 보러 왔어요.
Ich gucke nur.
(이히 구커 누어)

제품에 대해 물어보기

때때로 물건을 살 때 문제가 있는 경우가 있어요. 예를 들면 다른 스타일, 색상, 크기 등은 있는지 말이에요. 그럴 때는 이렇게 말하면 돼요.

1. 사이즈 물어보기

다른 사이즈 있나요?

Haben Sie das in einer anderen Größe?
(하벤 지 다스 인 아이너 안더렌 그회써)

작은 거 있어요?

Haben Sie das in kleiner?
(하벤 지 다스 인 클라이너)

큰 거 있어요?

Haben Sie das größer?
(하벤 지 다스 그회써)

2. 다른 스타일 물어보기

다른 스타일은 없나요?

Hätten Sie kein anderes Modell?
(헤텐 지 카인 안더레스 모델)

다른 스타일도 봐도 되나요?

Darf ich ein anderes Muster sehen?
(다르프 이히 아인 안더레스 무스터 제헨)

3. 다른 색상 물어보기

이 사이즈 다른 색상은 없나요?

Haben Sie andere Farben in dieser Größe?

(하벤 지 안더레 파흐벤 인 디저 그회쎄)

다른 색상 있어요?

Welche Farbe haben Sie?

(벨헤 파흐베 하벤 지)

다른 색상은 없나요?

Haben Sie auch andere Farben?

(하벤 지 아우크 안더레 파흐벤)

재고가 없어요/다 팔렸어요

잠시만요, 봐드릴게요. - - - - - **Moment bitte.** (모멘트 비터)

Ich schaue mal nach.

(이히 샤우어 말 낙흐)

죄송한데 재고가 없어요. - - - - - **Tut mir Leid.** (투트 미어 라이트)

Es ist nicht mehr im Lager.

(에스 이스트 니히트 메어 임 라거)

품절됐어요. - - - - - **Es ist schon ausverkauft.**

(에스 이스트 숀 아우스페어카우프트)

📝 옷 입어보기

옷이나 신발 같은 물건은 사기 전에 반드시 입어봐야 사이즈가 맞는지, 편한지 알 수 있어요.

입어볼 수 있나요?

Darf ich mal anprobieren?

(다르프 이히 말 안프로비어흔)

물론이죠, 탈의실은 이쪽입니다.

Aber natürlich. Da ist die Umkleidekabine.

(아버 나튀를리히. 다 이스트 디 움크라이데카비너)

어때요?

입어본 후 어떤지, 맘에 드는지 이렇게 말해요.

너무 커요.

Das ist zu groß.

(다스 이스트 쭈 그호쓰)

너무 작아요.

Das ist zu klein.

(다스 이스트 쭈 클라인)

너무 짧아요.

Das ist zu kurz.

(다스 이스트 쭈 쿠흐쯔)

너무 길어요.

Das ist zu lang.

(다스 이스트 쭈 랑)

나한테 안 어울려요.

Das steht mir nicht.

(다스 슈테트 미어 니히트)

나한테 정말 잘 어울려요.

Das steht mir gut.

(다스 슈테트 미어 구트)

사이즈가 안 맞아요.

Das passt mir nicht.

(다스 파스트 미어 니히트)

사이즈가 딱 맞아요.

Das passt mir gut.

(다스 파스트 미어 구트)

생각 좀 해볼게요.

Ich überlege es mir nochmal.

(이히 위버리게 에스 미어 녹흐말)

📝 가격 물어보기

이번에는 물건을 살 때 가장 중요한 얘기예요. 바로 가격이죠! 만약 명사를 썼다면 관사를 빼먹어서는 안 된다는 걸 잊지 말아요!

기본적인 질문

그 물건을 뭐라고 부르는지 모르겠다면 이렇게 말해요.

이거 얼마예요?
Wieviel kostet der/die/das?
(비필 코스테트 데어/디/다스)

이것들은 얼마예요?
Wieviel kosten sie?
(비필 코스텐 지)

제품을 지정해서 물어보기

사고 싶은 물건을 이미 들고 있거나 사기로 마음을 먹었고 물건의 이름도 알고 있다면 이렇게 말하면 돼요.

> **이 ~얼마예요?**
>
> **Wieviel kostet** + **der/die/das** + **물건**
> (비필 코스테트)   (데어/디/다스)

501

이것들은 얼마예요?

Wieviel kosten **+** **die** **+** 물건
(비필 코스텐) (디)

이 모자는 얼마예요?

Wieviel kostet der Hut?
(비필 코스테트 데어 후트)

이 자켓은 얼마예요?

Wieviel kostet die Jacke?
(비필 코스테트 디 야커)

이 책은 얼마예요?

Wieviel kostet das Buch?
(비필 코스테트 다스 부흐)

이 신발은 얼마예요?

Wieviel kosten die Schuhe?
(비필 코스텐 디 슈어)

▶ MP3 46-06

📝 가격 말해주기

제품(남성, 단수) Er(에어)
제품(여성, 단수) Sie(지) + kostet + 가격.
제품(중성, 단수) Es(에스)   (코스테트)

제품(복수) Sie(지) + kosten + 가격.
                       (코스텐)

모자는 15유로예요.
Er kostet fünfzehn Euro.
(에어 코스테트 퓬프첸 오이호)

티셔츠는 49유로예요.
Sie kostet neunundvierzig Euro.
(지 코스테트 노인운트피어찌히 오이호)

책은 30유로예요.
Es kostet dreißig Euro.
(에스 코스테트 드라이세히 오이호)

두 의자는 398유로예요.
**Sie kosten dreihundertachtundneun-
zig Euro.**
(지 코스텐 드라이훈데르트아크트운트노인찌히 오이호)

📝 가격 흥정

세일하는 상품을 사는 것보다 더 즐거운 일은 바로 세일하지 않는 물건을 싸게 사는 거예요. 그렇다면 어떻게 가격을 흥정해야 할까요? 당연히 먼저 연습을 해야 가격을 흥정해볼 수 있을 거예요!

싸게 해주실 수 있나요? - - - - **Kann man mit dem Preis etwas machen?**
(칸 만 미트 뎀 프라이스 에트바스 막흔)

좀 비싸요. - - - - - - - - - **Das ist zu teuer.**
(다스 이스트 쭈 토이어)

조금 할인해줄 수는 없나요? - - **Kann man eine Ermäßigung bekommen?**
(칸 만 아이네 에어메씨궁 베콤멘)

이런 것 중에 - - - - - - - **Hätten Sie auch noch etwas Ähnliches in**
더 싼 거는 없나요? **einer anderen Preisklasse?**
(헤텐 지 아우흐 녹흐 에트바스 엔리헤스 인
아이너 안더렌 프라이스클라써)

- -

흥정이 가능해요

만약 조금 더 싸게 줄 수 있다면 판매원이 이렇게 말할 거예요.

네, 가능해요.   ⟶   **Ja, gern.**
(야, 게흔)

10% 할인해드릴 수 있어요. ⟶ **Ich gebe Ihnen**
zehn Prozent Rabatt.
(이히 게베 이넨 첸 프로젠트 하바트)

504

정말 그럴 수는 없어요

만약 가격 흥정을 할 수 없다면 이렇게 말할 거예요.

안 돼요!

Leider nicht.
(라이더 니히트)

이미 할인된 가격이에요.

Es ist schon ein Sonderpreis.
(에스 이스트 숀 아인 존더프라이스)

이곳은 정가로 판매 중이에요.

Hier gibt es nur Festpreise.
(히어 깁트 에스 누어 페스트프라이저)

- -

구매 결정

구매하기로 마음 먹었다면 이렇게 말해봐요.

살게요.

Ich nehme es.
(이히 네메 에스)

판매원은 아마도 필요한 다른 물건은 없는지 물어볼 거예요.

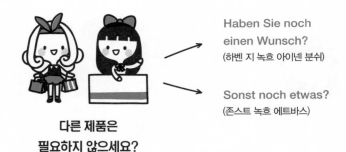

Haben Sie noch
einen Wunsch?
(하벤 지 녹흐 아이넨 분쉬)

Sonst noch etwas?
(존스트 녹흐 에트바스)

**다른 제품은
필요하지 않으세요?**

더 이상 살 물건이 없다면 판매원에게 이렇게 말해주세요.

이거면 됐어요.
Das wäre es.
(다스 베헤 에스)

계산하기

카운터에서 결제 도와드릴게요.	**Zahlen Sie bitte an der Kasse.** (짤렌 지 비터 안 데어 카써)
현금이신가요? 아니면 카드 결제이신가요?	**Zahlen Sie bar oder mit Kreditkarte?** (짤렌 지 바 오더 미트 크레디트카흐터)
영수증 주실 수 있나요?	**Darf ich eine Quittung haben?** (다르프 이히 아이네 쿠비퉁 하벤)
달러로 결제할 수 있나요?	**Kann ich in Dollar bezahlen?** (칸 이히 인 달러 베짤렌)

다른 서비스

포장해주실 수 있나요?

Können Sie es bitte einpacken?
(쾨넨 지 에스 비터 아인파켄)

사이즈가 안 맞는데 교환해주실 수 있나요?

Wird diese voll zurück erstattet?
(비어트 디제 폴 쭈뤼크 에어슈타테트)

제품 보증기간이 있나요?

Kann ich das umtauschen, wenn es mir nicht passt?
(칸 이히 다스 움타우쉔, 벤 에스 미어 니히트 파스트)

전액 환불 가능한가요?

Gibt es einen Garantieschein?
(깁트 에스 아이넨 가란티스샤인)

507

CHAPTER
47

질병

Die Krankheit

짧은 기간이든 긴 기간이든 독일에 갔다면 누구든 건강보험을 신청하는 규정이 있어요. 그렇다면 몸이 아파도 즉시 병원을 갈 수 있어서 걱정할 필요가 없어지기 때문이에요. 만약 한국에서 보험에 가입한 관광객이라면 독일 병원에 갔을 때 우선 자비로 납부를 하고 한국으로 돌아와서 보험회사에 비용을 청구하면 돼요.

(▶) MP3 47-01

📋 병원에서

병원
das Krankenhaus
(다스 크랑켄하우스)

das Spital
(다스 슈피탈)

구급차
die Ambulanz
(디 암불란츠)

Der Krankenwagen
(데어 크랑켄바겐)

의사(남성)
der Arzt
(데어 아흐쯔트)

약사(남성)
der Apotheker
(데어 아포테커)

환자(남성)
der Kranke
(데어 크랑커)

진료소
die Praxis
(디 프락시스)

여의사
die Krankenpflegerin
(디 크랑켄플레거힌)

남자 간호사
der Krankenpfleger
(데어 크랑켄플레거)

질병(남성)
die Kranke
(디 크랑커)

외과의사(남성)
der Chirurg
(데어 쉬후그)

전문과별 병원

독일어로 die Klinik(디 클리니크)는 진료소가 아니라 전문과 병원이나 대학병원을 의미하는 거예요. 만약 일반적인 진료를 받고 싶다면 die Praxis(디 프락시스)를 방문하면 되고, 급한 일이 생겼다면 먼저 의사에게 예약을 해야 해요!

의사에게 진료받기

병원에 갔다면 아마 '무슨 일이세요? 어디가 아파요?'라고 물어볼 거예요.

어디가 아파요?
Was ist los?
(바스 이스트 로스)

Was fehlt Ihnen
denn?
(바스 펠트 이넨 덴)

머리가 아파요?
Wo haben Sie Schmerzen?
(보 하벤 지 슈메르쩬)

얼마나 아팠나요?
Wie lange sind Sie krank?
(비 랑어 진트 지 크랑크)

다른 아픈 곳은 없나요?
Haben Sie Gliederschmerzen?
(하벤 지 글리더슈메르쩬)

📝 die Symptome 증상

아래의 증상들은 잘 봐야 나중에 의사를 말했을 때 정확한 진료를 받을 수 있겠죠?

기본 증상

열이 나요.
Ich habe Fieber.
(이히 하베 피버)

Ich bin fiebrig.
(이히 빈 피브릭)

감기에 걸렸어요.
Ich habe eine
Erkältung.
(이히 하베 아이네 에어켈퉁)

Ich bin erkältet.
(이히 빈 에어켈테트)

콧물이 나와요.
Ich habe die
verstopfte Nase.
(이히 하베 디
페어슈톱프테 나저)

감기에 걸렸어요.
Ich habe Grippe.
(이히 하베 그리페)

알레르기가 있어요.
Ich habe eine
Allergie.
(이히 하베 아이네 알러기)

재채기가 나요.
Ich niese.
(이히 니저)

너무 추워요.
Ich friere.
(이히 프리헤)

배가 아파요.
Ich habe Durchfall.
(이히 하베 두리히팔)

변비예요.
Ich habe
Verstopfungen.
(이히 하베 페어슈톱풍엔)

기침이 나요.
Ich huste.
(이히 후스테)

충치가 있어요.
Ich habe Karies.
(이히 하베 카리어스)

두드러기가 났어요.
Ich habe Ausschlag.
(이히 하베 아우스슐라그)

머리가 어지러워요.
Mir ist schwindelig.
(미어 이스트 슈빈델릭)

속이 안 좋아서
토하고 싶어요.
Ich fühle mich übel.
(이히 퓔레 미히 위벨)

어지러워요.
Ich habe eine
Bewegungskrankheit.
(이히 하베 아이네
베베궁스크랑크하이트)

방광염이에요.
Ich habe eine
Blasenentzündung.
(이히 하베 아이네
블라젠엔트쮠둥)

기절했어요.
Ich werde
ohnmächtig.
(이히 베르데 온메히티히)

토를 해요.
Ich erbreche.
(이히 에어브레셔)

호흡곤란이에요.
Ich kann nicht
atmen.
(이히 칸 니히트 아트멘)

쥐가 나요.
Ich verkrampfe.
(이히 페어크람페)

상처가 났어요.
Ich habe eine Wunde.
(이히 하베 아이네 분데)

잠을 못 자요.
Ich kann nicht schlafen.
(이히 칸 이히트 슐라픈)

식중독에 걸렸어요.
Ich habe eine
Lebensmittelvergiftung.
(이히 하베 아이네
레벤스미텔페어기프퉁)

멍이 들었어요.
Ich habe Blutergüsse
(im Knie).
(이히 하베 블루터귀쎄 (임 크니))

📝 만성질병

의사선생님께 진료를 받을 때 매우 중요한 것이 한 가지 있어요. 바로 자신에게 어떤 만성질병이 있는지 말해주는 거예요. 그래야 비로소 선생님이 알맞은 약을 처방해주실 수 있을 거예요.

나는 ~병이 있어요

Ich leide an...
(이히 라이데 안)

나는 중풍이 있어요.

Ich leide an einem Schlaganfall.
(이히 라이데 안 아이넴 슐라그안팔)

나는 심장병이 있어요.

Ich leide an einem Herzinfakt.
(이히 라이데 안 아이넴 헤르쯔인파크트)

나는 당뇨병이 있어요.

Ich leide an Zuckerkrankheit.
(이히 라이데 안 쭈커크랑크하이트)

나는 고혈압이 있어요.

Ich leide an Bluthochdruck.
(이히 라이데 안 블루트호크드루크)

나는 천식이 있어요.

Ich leide an Asthma.
(이히 라이데 안 아스트마)

나는 저혈압이 있어요.

Ich leide an niedrigem Blutdruck.
(이히 라이데 안 니드리겜 블루트드루크)

🖍 ~ 아파요

자신이 어디가 아픈지 말할 때 두 가지 방법이 있어요. 하나는 아픈 기관에 ─schmerzen 을 붙이는 것이고 하나는 새로운 명사를 말하는 거예요.

나는 ~병이에요

Ich habe   **+**   기관   **+**   schmerzen.
(이히 하베)   (슈메르쩬)

머리가 아파요.
Ich habe
Kopfschmerzen.
(이히 하베 코프슈메르쩬)

등이 아파요.
Ich habe
Rückenschmerzen.
(이히 하베 뤼켄슈메르쩬)

배가 아파요.
Ich habe
Bauchschmerzen.
(이히 하베 바우크슈메르쩬)

다리가 아파요.
Ich habe
Beinschmerzen.
(이히 하베 바인슈메르쩬)

이가 아파요.
Ich habe
Zahnschmerzen.
(이히 하베 짠슈메르쩬)

📝 ~ 아파요

두 번째 방법은 동사를 사용하는 거예요.

~ 아파요(한 곳만 아플 때)

Mein(마인)   **+**   기관(남성/중성)   **+**   tut weh.
Meine(마이네)   (투트 베)

~ 아파요(두 곳 이상 아플 때)

Meine(마이네)   **+**   기관(여성)   **+**   tun weh.
                                              (툰 베)

팔이 아파요.
Meine Arm
tut weh.
(마이네 암 투트 베)

두 눈이 아파요.
Meine Augen
tun weh.
(마이네 아우겐 툰 베)

목이 아파요.
Mein Hals
tut weh.
(마인 할스 투트 베)

양쪽 어깨가 아파요.
Meine Schultern
tun weh.
(마이네 슐터른 툰 베)

📝 아플 때 권하는 말

빨리 건강을 회복하길 원한다면 의사 선생님의 말을 잘 들어야 해요!

집에서 쉬세요(출근하지 마세요).
Bleiben Sie zu Hause.
(블라이벤 지 쭈 하우저)

누워서 쉬세요.
Bleiben Sie im Bett.
(블라이벤 지 임 베트)

운동을 하세요.
Bewegen Sie sich.
(베베겐 지 지히)

식습관을 바꾸세요.
Stellen Sie Ihre Ernährung um.
(슈텔렌 지 이어레 에어네룽 움)

물을 많이 드세요.
Trinken Sie viel Wasser.
(트링켄 지 필 바써)

옷을 따뜻하게 입으세요.
Ziehen Sie sich warm an.
(찌엔 지 지히 바름 안)

약을 드세요.
Nehmen Sie Tabletten ein.
(네멘 지 타블레텐 아인)

✍ In der Apotheke 약 사기

많은 사람들이 몸이 아프면 병원에 가기보다는 혼자서 약을 사먹는 경우가 많아요. 그렇기 때문에 약을 사려면 약의 이름들을 알아야 해요!

처방전	das Rezept	(다스 레쩹트)
제품 상표	das Arzneivorschriften-Etikett (다스 아르쯔나이포어슈리프텐 에티케트)	
해열제	das Fiebermittel	(다스 피버미틀)
기침약	das Hustenmittel	(다스 후스텐미틀)
모기퇴치제	das Insektenschutzmittel	(다스 인제크텐슈츠미틀)
연고	die Salbe	(디 잘버)
콧물약	der Inhalierstift	(데어 인할리어슈티프트)
물약(마시는)	der Saft	(데어 자프트)
물약	die Tropfen	(디 트로픈)
필	die Pille	(디 필러)
캡슐	die Kapseln	(디 캅젤른)
스프레이	das Spray	(다스 슈프레이)
가루약	das Pulver	(다스 풀버)
진통제	das Schmerzmittel	(다스 슈메르쯔미틀)

~약 없어요?

치료 받으셨어요?/다 나으셨어요?

Haben Sie etwas gegen   +   약 이름?
(하벤 지 에트바스 게겐)

소화불량약 좀 받을 수 있을까요?
Haben Sie etwas gegen
Verdauungsstörung?
(하벤 지 에트바스 게겐 페어다웅스슈퇴룽)

해열제 좀 얻을 수 있나요?
Haben Sie etwas gegen Fieber?
(하벤 지 에트바스 게겐 피버)

약사

이 약은 처방전이 필요해요.

Sie bekommen dieses Medikament nur auf Rezept.

(지 베콤멘 디제스 메디카멘트 누어 아우프 레쩹트)

설명서대로 약을 복용하세요.

Folgen Sie den Anweisungen auf dem
Arzneivorschriften-Etikett.

(폴겐 지 안바이중엔 아우프 뎀 아쯔나이포어슈리프텐 에티케트)

병원에 가보는 게 좋겠어요.

Gehen Sie lieber zum Arzt.

(게힌 지 리버 쭘 아흐쯔트)

📝 친구의 건강 물어보기

친구의 안색이 좋지 않다면 마음 속의 말들을 해봐요.

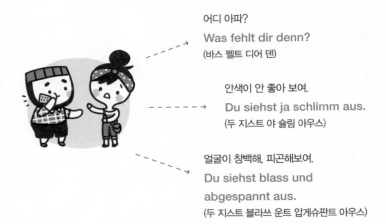

어디 아파?

Was fehlt dir denn?
(바스 펠트 디어 덴)

안색이 안 좋아 보여.

Du siehst ja schlimm aus.
(두 지스트 야 슐림 아우스)

얼굴이 창백해, 피곤해보여.

Du siehst blass und abgespannt aus.
(두 지스트 블라쓰 운트 압게슈판트 아우스)

친구나 아는 사람이 아프다면 얼른 낫길 기원해주세요.

몸 관리 잘해!

Pass auf dich auf!
(파스 아우프 디히 아우프)

얼른 나아!

Gute Besserung!
(구트 베써룽)

각종 표지판

Die Schilder

🖊 Die Verkehrsschilder 교통 표지판

주의	Vorsicht	(포지히트)
위험	Gefahr	(게파)
위험지역	Gefahrenstellen	(게파렌슈텔렌)
금지	Verbot	(페어보트)
나가는 길 없음	kein Durchgang	(카인 두리히강)
주의! 공사 중	Achtung! Baustelle	(악퉁 바우슈텔레)
입구 비움	Einfahrt freihalten	(아인파르트 프라이할텐)
출구 비움	Ausfahrt freihalten	(아우스파르트 프라이할텐)
정지	Halt	(할트)
정차 위치	Parkplatz	(파크플라츠)
주차 금지	Parken verboten	(파켄 페어보텐)
사거리	Kreuzung	(크로이쭝)
일방통행로	Einbahnstraße	(아인반슈트라써)
우회도로	Umleitung	(움라이퉁)
도로 공사 중	Straßenarbeiten	(슈트라쎄아바이텐)
도로 폐쇄	Gesperrt	(게슈페흐트)

무료 입장

Eintritt frei

(아인트리트 프하이)

입구

Eingang

(아인강)

출구

Ausgang

(아우스강)

입구(자동차)

Einfahrt

(아인파르트)

출구(자동차)

Ausfahrt

(아우스파르트)

매진

ausverkauft

(아우스페어카우프트)

특가

Sonderangebot

(존더안게보트)

안내소

Information

(인포르마치온)

셀프서비스

Selbstbedienung

(젤브스트베디눙)

CHAPTER 48

당기시오

ziehen

(찌엔)

미시오

drücken

(드뤼켄)

조심!

Achtung!

Bissiger Hund

(악퉁 / 비씨거 훈트)

비상탈출로

Notausgang

(노트아우스강)

진입 금지

Betreten verboten

(베트레텐 페어보텐)

금연

Rauchen verboten

(라우켄 페어보텐)

촬영 금지

Fotografieren verboten

(포토그하피어렌 페어보텐)

방향과 위치

Die Orientierung

독일은 관광객의 천국이라고 말할 수 있어요. 왜냐하면 옛날 동화에서 나올법한 자연경관도 있고, 작은 성들도 매우 많고, 신비로운 옛날 성도 있으며, 산 아래의 노이슈반슈타인 성도 있기 때문이에요. 바로 잠자는 숲 속의 공주에서 나온 그 성이에요. 뿐만 아니라 독일의 남부에는 커다란 산맥도 있어서 대자연의 매력을 느낄 수 있어요. 들어가기만 하면 동화 속에 나오는 커다란 숲이 눈앞에 펼쳐질 거예요.

이밖에도 독일은 유럽의 중앙에 위치해 있기 때문에 교통으로 다른 나라로 이동하기 매우 편리해요. 게다가 물가도 다른 나라에 비해 많이 높지도 않아요. 어때요? 엄청 가보고 싶지 않나요? 우리 같이 독일에 놀러 가요!

📋 Die Orte 장소

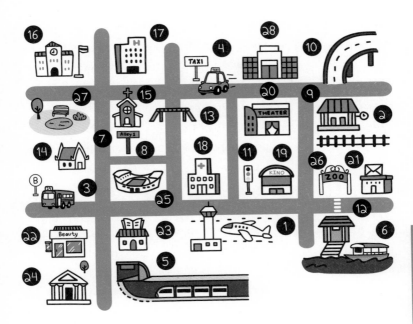

1. 공항	der Flughafen	(데어 플루구하펜)
2. 기차역	der Hauptbahnhof	(데어 하우프트반호프)
3. 버스 승강장	die Haltestelle	(디 할테슈텔레)
4. 택시 승강장	der Taxistand	(데어 탁시슈탄트)

5. 지하철역	der U-Bahnhof	(데어 우반호프)
6. 부두	der Pier	(데어 피어)
7. 도로	die Straße	(디 슈트라쎄)
8. 거리, 골목	die Gasse	(디 가쎄)
9. 고속국도	die Schnellstraße	(디 슈넬슈트라쎄)
10. 고속도로	die Autobahn	(디 아우토반)
11. 신호등	die Ampel	(디 암펠)
12. 횡단보도	der Zebrastreifen	(데어 쩨브라슈트라이픈)
13. 육교	die Überführung	(디 위버퓌룽)
14. 사원	der Tempel	(데어 템플)
15. 교회	die Kirche	(디 키르쉐)
16. 학교	die Schule	(디 슐러)
17. 호텔	das Hotel	(다스 호텔)
18. 병원	das Krankenhaus	(다스 크랑켄하우스)
19. 영화관	das Kino	(다스 키노)
20. 극장	das Theater	(다스 테아터)
21. 우체국	die Post	(디 포스트)
22. 미용실	der Salon	(데어 잘론)
23. 도서관	die Bibliothek	(디 비블리오테크)
24. 박물관	das Museum	(다스 무제움)
25. 운동장	das Stadion	(다스 슈타디온)
26. 동물원	der Zoo	(데어 쪼)
27. 공원	der Park	(데어 파크)
28. 백화점	das Kaufhaus	(다스 카우프하우스)

📝 Das fahren 교통수단

걸어가기
zu Fuß gehen
(쭈 푸쓰 게헨)

자전거 타기
Rad|fahren
(하트파흔)

오토바이 타기
Motorrad|fahren
(모토어하트파흔)

택시 타기
mit dem Taxi fahren
(미트 뎀 탁시 파흔)

배 타기
mit dem Boot fahren
(미트 뎀 보트 파흔)

CHAPTER 49

Mit dem Auto fahren(미트 뎀 아우토 파흔) 택시 타기

출발	Auto fahren	(아우토 파흔)
상차	ein|steigen	(아인 슈타이겐)
하차	aus|steigen	(아우스 슈타이겐)
~로 가주세요	jdn. ab|holen	(예만든 압홀렌)
집에 데려다주기	jdn. nach Hause bringen	(에만든 낙흐 하우제 브링엔)

- -

Mit dem Bus fahren(미트 뎀 부스 파흔) 버스 타기

~번 버스 타기	die Buslinie... nehmen	(디 부스리니에 네멘)
상차	ein|steigen	(아인슈타이겐)
하차	aus|steigen	(아우스슈타이겐)
환승	um|steigen	(움슈타이겐)
차비	die Fahrkosten	(디 파코스텐)
차표	die Fahrkarte	(디 파카르테)
승객	der Passagier	(데어 파싸쥐어)
버스정류장	die Bushaltestelle	(디 부스할테슈텔레)

- -

Mit dem Zug fahren(미트 뎀 쭈그 파흔) 기차 타기

지하철 타기	mit der U-Bahn fahren	(미트 데어 우반 파흔)
경전철 타기	mit der Straßenbahn fahren	(미트 데어 슈트라쎈반 파흔)
기차 타기	mit dem Zug fahren	(미트 뎀 쭈그 파흔)
기차 시간표	der Fahrplan	(데어 파플란)
열차가 역에 들어오다	die Ankunft	(디 안쿤프트)
열차가 출발하다	die Abfahrt	(디 압파르트)
열차 선로	das Gleis	(다스 글라이스)
플랫폼	der Bahnsteig	(데어 반슈타익)
매표소	der (DB) Schalter	(데어 데베 샬터)
검표원	der Schaffner	(데어 샤프너)
수화물	das Schließfach	(다스 슐리스파흐)
왕복표	die Rückfahrkarte	(디 뤼크파카르터)
편도표	die einfache Karte	(디 아인파케 카르터)

Mit dem Flugzeug fahren(미트 뎀 플루그쪼이그 파흔) 비행기 타기

체크인	ein|checken	(아인 체켄)
수화물 검사	Koffer kontrollieren	(코퍼 콘트롤리어흔)
보딩	das Flugzeug besteigen	(다스 플루그쪼이그 베슈타이겐)
이륙	starten	(슈타텐)
착륙	landen	(란덴)
안전 검사		

durch die Sicherheitskontrolle gehen
(두리히 디 지혀하이츠콘트롤레 게헨)

(▶) MP3 49-03

📝 길 물어보기

독일에서 길을 잃었다면 걱정하지 마세요. 독일 사람들은 굉장히 무뚝뚝해 보이지만 입을 열고 질문을 하면 매우 즐겁게 알려주려 할 거예요. 만약 가려고 했던 곳이 그들의 목적지와 완전히 다른 방향일지라도 독일 사람들은 목적지에 데려다줄 거예요. 그러니 아래의 내용도 반드시 외우도록 해요!

죄송하지만, ~로 가는 길을 찾고 있어요

Entschuldigung, ich suche ✛ den(덴) ✛ 장소(남성)
(엔슐디궁, 이히 주흐) das(다스) ✛ 장소(중성)
die(디) ✛ 장소(여성)

죄송하지만 기차역으로 가려면 어떻게 해야 돼요?
Entschuldigung, ich suche den Bahnhof.
(엔슐디궁, 이히 주흐 덴 반호프)

미안합니다. 버스정류장이 어디예요?
Entschuldigung, ich suche die Bushaltestelle.
(엔슐디궁, 이히 주흐 디 부스할테슈텔레)

실례지만 맥도날드로 가는 길 좀 알려주세요.
Entschuldigung, ich suche McDonald's.
(엔슐디궁 이히 주흐 맥도날드)

길을 물어볼 때 어디인지 말할 때는 어디의 뜻을 가진 Wo(보)를 사용해요.

~는 어디예요?　　Wo ist ... ? (보 이스트)

지하철역은 어디예요?
Wo ist der U-Bahnhof?
(보 이스트 데어 우반호프)

우체국은 어디예요?
Wo ist die Post?
(보 이스트 디 포스트)

슈퍼마켓은 어디 있어요?
Wo ist der Supermarkt?
(보 이스트 데어 쥬퍼마크트)

근처에 ~가 있나요?

Ist hier ... in der Nähe?
(이스트 히어 인 데어 네헤)

근처에 우체국이 있나요?
Ist hier eine Post in der Nähe?
(이스트 히어 아이네 포스트 인 데어 네헤)

근처에 은행이 있나요?
Ist hier eine Bank in der Nähe?
(이스트 히어 아이네 방크 인 데어 네헤)

근처에 병원이 있나요?
Ist hier ein Krankenhaus in der Nähe?
(이스트 히어 아인 크랑켄하우스 인 데어 네헤)

길을 물어보는 다른 방법

이 밖에도 길이나 교통수단에 대해 묻는 방법에는 여러 가지가 있어요.

1. 여기서 가까워요?

~는 여기서 얼마나 가까워요?

Wie weit ist es zum ... ?
(비 바이트 이스트 에스 쭘)

마리아 광장은 여기서 얼마나 가까워요?

Wie weit ist es zum Marienplatz?
(비 바이트 이스트 에스 쭘 마리엔플라츠)

쾰른 돔은 여기서 얼마나 가까워요?

Wie weit ist es zum Kölner Dom?
(비 바이트 이스트 에스 쭘 쾰너 돔)

2. 얼마나 멀어요?

> ~까지 얼마나 걸려요?
>
> **Wie lange ist/dauert es zum … ?**
> (비 랑어 이스트/다우에르트 에스 쭘)

버스 타고 성까지 가면 얼마나 걸려요?

Wie lange dauert es zum Schloss mit dem Bus?
(비 랑어 다우에르트 에스 쭘 슐로스 미트 뎀 부스)

택시를 타고 가면 박물관까지 얼마나 걸려요?

Wie lange ist es zum Museum mit dem Taxi?
(비 랑어 이스트 에스 쭘 무제움 미트 뎀 탁시)

어디로 가면 지도를 살 수 있나요?

Wo kann man hier einen Stadtplan kaufen?

(보 칸 만 히어 아이넨 슈타트플란 카우픈)

여기 잘 알고 계신가요?

Kennen Sie sich hier gut aus?

(케넨 지 지히 히어 구트 아우스)

공항 가는 버스가 있나요?

Gibt es einen Bus zum Flughafen?

(깁트 에스 아이넨 부스 쭘 플루구하픈)

📝 die Richtung 길 안내

길을 물어보고 독일어의 방향을 알아들을 수 있다면 순조롭게 목적지에 도착할 수 있을 거예요. 독일어로 방향을 나타내는 단어는 많지 않아요. 그래서 길을 안내하는 문장을 배운다면 길을 잃어버릴 일이 훨씬 더 줄어들 거예요.

방향 안내

직진	Gehen Sie geradeaus.	(게헨 지 게라데우스)
좌회전	Gehen Sie nach links.	(게헨 지 낙흐 링크스)
우회전	Gehen Sie nach rechts.	(게헨 지 낙흐 레히츠)
길 건너	Überqueren Sie die Straße.	(위버쿠베렌 지 디 슈트라쎄)
입구에서 꺾기	Biegen Sie an der Ecke ab.	(비겐 지 안 데어 에케 압)

다음 사거리까지 이 길을 따라가세요.

Gehen Sie diese Straße entlang bis zur nächsten Kreuzung.

(게헨 지 디제 슈트라쎄 엔틀랑 비스 쭈어 네히스텐 크로이쭝)

장소 안내

장소의 위치를 안내하려면 아래의 전치사를 사용합니다.

앞에	vor	(포어)
뒤에	hinter	(힌터)
아래에	unter	(운터)
위에	auf	(아우프)
오른쪽에	auf der rechten Seite	(아우프 데어 레히텐 자이테)
왼쪽에	auf der linken Seite	(아우프 데어 링켄 자이테)
맞은편에	gegenüber	(게겐위버)
~사이에	zwischen	(쯔비쉔)
~근처에, 곁에	bei	(바이)
~옆에	neben	(네벤)

어떤 곳이 어디 있는지 말해주려면 아래의 문장 형태를 사용합니다.

장소의 위치 말해주기

장소 ➕ ist ➕ 위치 전치사 ➕ dem ➕ 장소(남성/중성)
     (이스트)   (뎀)

                                      der ➕ 장소(여성)
                                      (데어)

버스 정류장은 학교 앞에 있어요.

Die Haltestelle ist vor der Schule.

(디 할테슈텔레 이스트 포어 데어 슐러)

박물관은 왼쪽에 있어요.

Das Museum ist auf der
rechten Seite.

(다스 무제움 이스트 아우프 데어 레히텐 자이터)

병원은 사원 근처에 있어요.

Das Krankenhaus ist neben
dem Tempel.

(다스 크랑켄하우스 이스트 네벤 뎀 템플)

우체국은 호텔과 공원 사이에 있어요.

Die Post ist zwischen dem Hotel
und dem Park.

(디 포스트 이스트 쯔비쉔 뎀 호텔
운트 뎀 파크)

호텔은 기차역 맞은편에 있어요.

Das Hotel ist gegenüber des
Bahnhofs.

(다스 호텔 이스트 게겐위버 데스 반호프스)

우체국은 왼쪽에 있어요.

Die Post ist auf der linken Seite.

(디 포스트 이스트 아우프 데어 링켄 자이터)

부두는 시장 뒤에 있어요.

Der Pier ist hinter dem Markt.

(데어 피어 이스트 힌터 뎀 마르크트)

커피숍은 빌딩 아래에 있어요.

Das Café ist unter dem Büro.

(다스 카페 이스트 운터 뎀 뷔호)

지하철역은 백화점 옆에 있어요.

Der U-Bahnhof ist bei dem
Kaufhaus.

(데어 우반호프 이스트 바이 뎀 카우프하우스)

운동장은 저 길 밑에 있어요.

Das Stadion ist auf der
nächsten Straße.

(다스 슈티디온 이스트 아우프 데어
네히스텐 슈트라쎄)

교실은 이곳에 있어요.

Die Kirche ist darüber.

(디 키르케 이스트 다휘버)

CHAPTER
50

연애하기
Liebe

이번 단원은 연애 중이거나 연애를 하려는 사람을 위해 준비했어요. 독일은 매우 낭만적인 나라예요. 하이델베르크 산 위의 경관과 라인 강변을 걸으며 맥주를 마시는 사이에 사랑이 싹틀 수도 있어요. 그때를 위해 미리미리 준비해 놓으세요. 만약 그 사람이 운명이라면 반드시 그 사람을 꽉 잡아야 하니까요. 그렇지 않으면 운명의 그 사람을 다시는 못 보게 될 수 있어요.

▶ MP3 50-01

✎ Ein gutes Gefühl 호감이 생기다

만약 누군가에게 호감이 생기거나 좋아한다고 고백을 하고 싶다면 아래의 문장에서 골라서 사용해보세요.

나는 널 좋아해.
Ich mag dich.
(이히 막 디히)

너는 정말 착하고, 매력 있어.
Ich finde, du bist sympatisch/attraktiv.
(이히 핀데, 두 비스트 짐파티쉬/아트락티브)

우리 데이트 할까?
Versuchen wir mal, gemeinsam
auszugehen?
(페어주헌 비어 말, 게어인잠 아우스쭈게헨)

호감이 생기다

우리는 잘 어울리는 것 같아.
Ich denke, wir passen zusammen.
(이히 뎅케, 비어 파쎈 쭈잠멘)

너는 나를 빠지게 만들어.
Etwas zog mich zu dir hin.
(에트바스 쪼그 미히 쭈 디어 힌)

540

📝 Liebeserklärung 사랑을 표현하다

몇몇 단어는 상대방에게 닭살을 돋게 할 수도 있으니까 적절한 상황에서 사용해야 하는 걸 잊지 말아요!

사랑해.
Mein Herz gehört nur dir.
(마인 헤르쯔 게회르트 누어 디어)

내 마음 속에는 너 뿐이야.
Ich liebe dich.
(이히 리베 디히)

정말 너무 사랑해.
Ich liebe dich so sehr.
(이히 리베 디히 조 제어)

Ich vermisse dich sehr.
(이히 페어미쎄 디히 제어)

Du fehlst mir sehr.
(두 펠스트 미어 제어)

네가 너무 보고 싶어

나랑 결혼하자! ⎯ ⎯ ⎯ ⎯ ⎯ ⎯ → Heirate mich!
(하이하터 미히)

너는 내 운명의 남자야/여자야. ⎯ ⎯ ⎯ → Du bist der Mann/
die Frau meiner Träume.
(두 비스트 데어 만/
이 프라우 마이너 트로이메)

지금까지 너처럼 ⎯ ⎯ ⎯ ⎯ ⎯ ⎯ → Ich habe zuvor niemand
누군가를 사랑해본 적이 없어. so geliebt.
(이히 하베 쭈포어 니만트 조 게립트)

너는 내 인생 중 가장 아름다운 일이야. ⎯ → Du bist das Beste,
was mir je passiert ist.
(두 비스트 다스 베스테, 바스
미어 예 파지어르트 이스트)

542

연애는 달콤한 거예요. 서로만의 애칭을 만들어서 부르기도 하죠!

보물(애인)
Schatz
(샤츠)

자기
Süßer
(쥐써)

허니
Liebling
(리블링)

여보
Liebster
(립스터)

**여자가 남자를
부를 때**

허니
Süße
(쥐쎄)

천사
Engel
(엥엘)

애기야
Schätzchen
(셰츠천)

우리 애기
Mäuschen/Kleines
(모이쉔/클라이네스)

**남자가 여자를
부를 때**

CHAPTER 50

파본이나 내용상 오류 등 책에서 발견한 문제점을 알려주시면 독자 여러분을 위해 다음 재판 인쇄판에서 수정하겠습니다. 책에 관한 비평이나 칭찬의 말도 아래 연락처로 보내주시기 바랍니다.

홈페이지 www.hyejiwon.co.kr
블로그 blog.naver.com/hyejiwon9221
페이스북 www.facebook.com/hyejiwon9221

Original Title: MIND MAP GERMAN
copyright © 2016 Proud Publisher
Originally Published by Proud Publisher All rights reserved.

Korean Copyright © 2019 by HYEJIWON Publishing Co., Ltd.
Korean language translation rights arranged with Proud Publisher, through Little Rainbow Agency, Thailand and M.J. Agency, Taiwan.